复旦大学党委党校干部教育培训系列教材

复旦大学部处长工作手册

复旦大学机关党委　编

复旦大学出版社

编 委 会

策　划：袁正宏　周亚明

主　编：张骏楠

副主编：黄　芳

编写组：周　晔　周　鹏　周双丽
　　　　刘顺厚　邱兰芳　郭伟峰

序　言 | Preface

2021年是中国共产党成立100周年,也是复旦大学"十四五"规划的开局之年。新时代,习近平总书记站在国家长治久安、党的事业后继有人的高度,对党员领导干部队伍建设发表了一系列重要论述。他指出:"我们党之所以能够始终保持强大的创造力、凝聚力、战斗力,成为革命、建设、改革事业发展的中流砥柱,团结带领人民战胜各种艰难险阻、取得一个又一个胜利,一个十分重要的原因就在于高度重视培养造就能够担当重任的干部队伍。"①

针对机关部处长这一县处级干部群体,习近平总书记专门指出:"县一级处在承上启下的关键环节,是发展经济、保障民生、维护稳定的重要基础,也是干部干事创业、锻炼成长的基本功训练基地。"他指出,这级干部"官不大、责任不小、压力不小",要求县处级领导干部始终做到:"心中有党、心中有民、心中有责、心中有戒。"②

对于复旦大学而言,各个机关职能部处是学校"承上启下的关键环节",是保障"科学研究、人才培养、社会服务、文化传承创新和对外交流"等大学基本任务的重要基础,作为部门的带头人,部处长必须做"政治的明白人""发展的开路人""群众的贴心人""班子

---

① 习近平:《努力造就一支忠诚干净担当的高素质干部队伍》,《求是》2019年第2期。
② 《习近平在会见全国优秀县委书记时的讲话》,《求是》2015年第17期。

的带头人"。①

一是要做政治的明白人。部处长担负着重要政治责任,讲政治是第一位的。坚持以政治建设为统领,提高政治能力,用习近平新时代中国特色社会主义思想武装头脑,学深悟透习近平总书记关于建设高素质专业化干部队伍、激励干部担当作为等的重要指示精神和关于教育的重要论述,在学懂弄通做实上下功夫,真信笃行,主动增强贯彻落实的自觉性坚定性。部处长必须首先坚定对马克思主义的信仰、对中国特色社会主义的信念,传承红色基因,增强"四个意识",坚定"四个自信",做到"两个维护"。对党忠诚,始终同党中央和上级党委在思想上政治上行动上保持高度一致,坚守共产党人的精神家园,统筹安全和发展两件大事,自觉执行党的教育方针和纪律规矩,真正做到头脑始终清醒、立场始终坚定。

二是要做发展的开路人。部处长在管理部门、履职尽责上要勇于直面矛盾,增强斗争精神,苦干实干、开拓进取,知重负重、攻坚克难,以钉钉子精神贯彻落实学校第十五次党代会和"十四五"规划各项决策部署,勇于担当、奋发有为,努力创造经得起实践、师生员工和历史检验的实绩。部处长要适应和引领高等教育发展新常态,把握和顺应一流大学建设新进程,回应师生员工新期待,坚持从实际出发,带领部门一起做好改革发展稳定工作,特别是要打好"铸魂育人"攻坚战,擦亮社会主义大学办学底色,为党和国家培养一批批合格建设者和可靠接班人。

三是要做群众的贴心人。全心全意为人民服务、以人民为中心是我们党的根本宗旨。机关部处直接面对师生员工,必须常常"心怀国之大者",坚持"江山就是人民,人民就是江山"的理念,自

---

① 《习近平在会见全国优秀县委书记时的讲话》,《求是》2015 年第 17 期。

觉贯彻党的群众路线，心系师生，为师生造福。部处长要坚守人民立场，把师生员工对"复旦美好生活"的向往作为奋斗目标，自觉同师生想在一起、与部门同事干在一起，着力解决师生员工的操心事、烦心事、揪心事，真正做到热爱师生、服务师生，不断增强师生员工的获得感、幸福感、安全感。

四是要做班子的带头人。"羊群走路靠头羊。"部处长关键在于"长"，就是要带头。部处长要带头"不忘初心、牢记使命""为党育人、为国育才"，带头讲党性、重品行、做表率，带头抓班子带队伍，带头依法办事，带头廉洁自律。部处长要始终保持为民务实清廉的政治本色，知敬畏、存戒惧、守底线，公私分明，"亲""清"分开，带头接受党和人民监督，带头清清白白做人、干干净净做事，坚持公正用权、依法用权、为民用权、廉洁用权，真正做到事事带头、时时带头、处处带头，真正做到率先垂范、以上率下，营造风清气正的机关氛围。

为着力改进和加强机关部处长的教育培训，提高履职尽责的水平，提升办学治校能力，高效能地服务学校改革发展稳定大局，为加快学校"双一流"建设提供坚强有力的组织保证和人才支撑，校党委决定在《复旦大学干部教育培训工作规划（2019—2023）》总体框架中，强化干部教育"教材库"建设。

本书从学校机关部处工作实际出发，坚持问题导向、需求导向，由浅入深逐层提供部处长工作开展中应知应会、锻炼提升的相关素材，重在提供部处长工作中必须掌握的知识、破解部处长实际工作中的难题、为开展工作提供实操性指南。本书编写力求体现"全新、实用"的特色，分为基础篇、进阶篇、专题篇和制度篇，分别从工作入门、工作要求、工作能力、工作依据四个方面着手，为部处长们履职尽责提供具体指导，新任职的部处长们可以通过本书按图索骥,尽快熟悉工作、把握规律、培养能力,使工作有章可循、有据可依;老部处长们可以通过阅读本书深化对管理工作的思考,进一步提升管理能力和水平,并总结提炼出更多的理念和示范以发扬光大。

  本书编写团队编前开展了大量调查研究工作,也查阅汇总了现有规章制度等材料。但囿于自身阅历和能力,编写过程中难免有疏漏、偏差,希望读者批评指正。

2021 年 9 月 28 日

目录 | Contents

基 础 篇

一、从学校治理架构定位部门 ………………………………… 3
  （一）基本治理体系 ……………………………………… 3
  （二）主要议事机构 ……………………………………… 4
  （三）机关部门架构 ……………………………………… 6
  （四）机关部门职能 ……………………………………… 7

二、从基本要素入手管理部门 ………………………………… 9
  （一）业务范围 …………………………………………… 9
  （二）机构设置 …………………………………………… 9
  （三）制度建设 …………………………………………… 10
  （四）财务管理 …………………………………………… 11
  （五）部门资产 …………………………………………… 13
  （六）安全防线 …………………………………………… 14

三、从团队管理入手带好队伍 ………………………………… 16
  （一）班子分工 …………………………………………… 16
  （二）干部管理 …………………………………………… 17

（三）干部监督 …… 18
　　（四）干部培养 …… 19
　　（五）职称评审 …… 20
　　（六）人事招聘 …… 21

四、从支部建设入手建好战斗堡垒 …… 22
　　（一）党建工作基本要求 …… 22
　　（二）党支部的工作机制 …… 23
　　（三）党支部委员会建设 …… 24
　　（四）依规开展组织生活 …… 24
　　（五）党员干部教育管理 …… 25

五、从党风廉政入手加强自我约束 …… 27
　　（一）遵守党章和党的纪律 …… 27
　　（二）中央的八项规定精神 …… 28
　　（三）党风廉政建设责任制 …… 29
　　（四）"三重一大"决策制度 …… 32

进 阶 篇

一、谋篇布局 …… 37
　　（一）提高部门工作站位 …… 37
　　（二）着眼可持续性发展 …… 39

二、团队建设 …… 41
　　（一）领导班子凝聚力建设 …… 41

（二）发挥党建引领作用 ………………………………… 43
　　（三）以内建调动积极性 ………………………………… 44

三、作风建设 ………………………………………………… 47
　　（一）管理服务"不断岗" ………………………………… 47
　　（二）完善沟通反馈体系 ………………………………… 51
　　（三）强化信息公开机制 ………………………………… 53

四、工作效能 ………………………………………………… 57
　　（一）明晰权责利事务边界 ……………………………… 58
　　（二）构建科学的管理机制 ……………………………… 59
　　（三）向管理服务要"效益" ……………………………… 60
　　（四）推动"一网通办"服务 ……………………………… 63

五、激励机制 ………………………………………………… 65
　　（一）激励机制建设 ……………………………………… 66
　　（二）善于因势利导 ……………………………………… 66

六、创新发展 ………………………………………………… 69
　　（一）要有时不我待的使命担当 ………………………… 70
　　（二）创新不能等同于"做加法" ………………………… 70
　　（三）在提高管理能力上下功夫 ………………………… 71
　　（四）创新必须加强信息化建设 ………………………… 71

七、跨部门协作 ……………………………………………… 73
　　（一）厘清部门边界不是"筑篱笆" ……………………… 73

（二）用好校内各类委员会平台 …………………………… 74
　　（三）"功成不必在我，功成必定有我" ……………………… 76

八、与院系对接工作 …………………………………………… 78
　　（一）正确看待"校院两级管理"机制 ……………………… 78
　　（二）当好"交通指挥员"和"引导员" ……………………… 79
　　（三）做好"加法"和"减法" ………………………………… 80

九、与上级主管部门（单位）对接 …………………………… 83
　　（一）明确对接主要渠道和关联渠道 ……………………… 83
　　（二）做好任务领取和信息传递 …………………………… 84

十、主动承担区域性、国家级工作任务 ……………………… 86
　　（一）办好会、干好活是一项细致工作 …………………… 86
　　（二）组织好校内力量积极申报 …………………………… 86
　　（三）借鉴学习兄弟高校先进经验 ………………………… 87

专 题 篇

一、加强党的政治建设 ………………………………………… 93
　　（一）把准政治方向 ………………………………………… 93
　　（二）坚持党的领导 ………………………………………… 95
　　（三）夯实政治根基 ………………………………………… 96
　　（四）涵养政治生态 ………………………………………… 97
　　（五）防范政治风险 ………………………………………… 98
　　（六）永葆政治本色 ………………………………………… 99

二、新时代新使命新作为 ································ 103
（一）学习本领 ·································· 103
（二）科学发展本领 ······························ 105
（三）依法执政本领 ······························ 106
（四）沟通协调本领 ······························ 108
（五）信息管理本领 ······························ 111
（六）公文写作本领 ······························ 115
（七）驾驭风险本领 ······························ 117

三、提升履职能力 ···································· 121
（一）政治能力 ·································· 121
（二）调查研究能力 ······························ 123
（三）科学决策能力 ······························ 125
（四）改革攻坚能力 ······························ 127
（五）应急处突能力 ······························ 128
（六）群众工作能力 ······························ 130
（七）抓落实能力 ································ 132

制　度　篇

一、常用制度问答 ···································· 139
（一）人员管理类 ································ 139
（二）公务接待类 ································ 141
（三）出国（境）差旅类 ·························· 143
（四）财务资产类 ································ 144
（五）会议调研类 ································ 146

（六）文件档案类 ………………………………………… 148

二、制度文件选编 ……………………………………………… 150
　（一）机关部门领导班子成员党风廉政建设责任书……… 150
　（二）**处处务会议事规则 …………………………… 154
　（三）**处财务管理制度 ……………………………… 157
　（四）**处关于落实"三重一大"制度的规定 ………… 159
　（五）**处首问责任制和限时办结制实施细则 ………… 163
　（六）**部（处）印章使用管理制度 ………………… 167

编后语 ……………………………………………………………… 169

基 础 篇

基础编一

一、从学校治理架构定位部门

（一）基本治理体系

复旦大学是事业单位法人，实行中国共产党复旦大学委员会（以下简称"党委"）领导下的校长负责制，推进中国特色现代大学制度建设。

党委是全校的领导核心，全面领导学校工作，把握学校发展方向，决定学校重大问题，监督重大决议执行，支持校长依法负责地行使职权，保证以人才培养为中心的各项任务完成。党委由学校党员代表大会选举产生，任期一般为五年。党委全体会议（简称"党委全委会"）在党员代表大会闭会期间领导学校工作，主要对事关学校改革发展稳定和师生员工切身利益及党的建设等全局性重大问题作出决策。党委设立常务委员会（简称"党委常委会"），主持党委日常工作，党委常委会由党委全委会选举产生，对全委会负责并定期报告工作。党委书记主持党委全面工作。

中国共产党复旦大学纪律检查委员会是党内监督专责机关，由学校党员代表大会选举产生，依据党的章程和党内法规履行职责。

党委全委会会议、党委常委会会议、校长办公会等重要会议，由学校党委制定议事规则加以规范。

校长是学校的法定代表人，在党委领导下，贯彻党的教育方针,组织实施党委有关决议,行使高等教育法等规定的各项职权,全面负责教学、科研和行政管理工作。校长办公会议是学校行政议事决策机构,是校长行使职权的基本形式。学校设置副校长、总会计师,在校长领导下分管学校的学术活动和其他行政工作。校长、副校长、总会计师的任免方式、任期按照国家有关规定实施。

学校根据工作需要和精简、优化、协同、高效的原则,设立行政工作部门,履行管理、协调、服务等职责。

学校实行学校、学院(系、实体研究机构)两级联动管理。学校按照事权相宜和权责一致的原则,在人、财、物等方面规范有序地赋予学院(系)相应的管理权力,指导和监督学院(系)相对自主运行。学院(系)根据学校的规划、规定和授权,履行职权。

(二)主要议事机构

1. 学术委员会:学校的最高学术机构,统筹行使重大学术事务的决策、审议、评定和咨询等职权,根据相关章程开展活动。学术委员会委员由学校不同学科、专业的教授及具有正高级专业技术职务的在职人员担任,根据学科与教师规模确定人数,依照民主集中制原则产生。学术委员会主任委员由校长提名、全体委员选举产生。学术委员会委员实行任期制,每届任期四年,委员可以连任,但连任人数不应超过上届总人数的三分之二,连任委员任期一般不超过两届。各学院(系)设立学术分委员会,组成人员依照民主集中制原则产生。学院(系)学术分委员会根据学术委员会的授权以及相关章程开展活动,接受学校学术委员会的指导和监督。其他学术机构设置的学术委员会根据其章程开展活动。

2. 学位评定委员会:学校的学位管理机构,根据法律规定及相关章程开展活动。学位评定委员会委员原则上根据学校学科设置情况在指导博士研究生的教授及具有正高级专业技术职务的在职人员中遴选，依照民主集中制原则产生。校长任学位评定委员会主席。学位评定委员会委员实行任期制，每届任期四年，委员可以连任，连任一般不超过两届。学位评定委员会根据工作需要设立多个学部协助开展工作。学校根据授予学位的一级学科或门类成立学位评定分委员会，组成人员依照民主集中制原则产生。

3. 教学指导委员会：学校教学工作的指导、咨询、审议和监督机构，根据相关章程开展活动。委员人数根据学科分布和学院（系）专业设置情况确定，委员人选依照民主集中制原则产生。教学指导委员会委员实行任期制，每届任期四年，学生委员任期两年，委员可以连任。

4. 教材委员会：教材委员会在党委领导下，对学校教材建设、使用与管理工作进行指导、审议和监督。教材委员会组成人员由学校领导、相关职能部门负责人和各学科领域专家学者代表等组成。

5. 校务委员会：学校重大事务的咨询和审议机构。校务委员会委员由学校党政领导、学术治理系统各委员会的负责人、学院（系）和职能部门代表以及师生代表等组成，党委书记任校务委员会主任。校务委员会委员实行任期制，每届任期五年，学生委员任期一年，委员可以连任。根据学校发展要求，校务委员会可设置相关专门咨询委员会。

6. 教职工代表大会：学校通过教职工代表大会等组织形式，依法保障教职员工行使民主权利，参与学校民主管理和监督。教职工代表大会根据相关章程开展活动，其代表由教职员工民主选举产生，实行任期制，任期五年，代表可以连任。教职工代表大会每学年至少召开一次全体会议，其意见和建议以会议决议的方式作出。复旦大学工会是复旦大学教职员工自愿结合的群众组织，是教职工代表大会的日常工作机构，以维护教职员工的合法权益为基本职责，根据相关章程开展活动。

（三）机关部门架构

复旦大学机关设立复旦大学机关党委，复旦大学上海医学院设立相应机关党委。其中，复旦大学机关党委下设6个党总支，辖46个部门；上海医学院机关党委下辖18个部门。

复旦大学机关党委6个党总支分别涵盖如下部门。

机关第一党总支：复旦大学办公室、党委政策研究与改革办公室、纪检监察机构、党委巡视工作办公室、党委组织部、党委党校办公室、党委宣传部、党委教师工作部、网络安全和信息化领导小组办公室、党委统战部、机关党委办公室、审计处、工会、妇委会、退休教职工工作处、老干部工作处（退休教职工工作处与老干部工作处现划为老干部党委所辖部门）。

机关第二党总支：校外合作处、发展规划处、"双一流"建设办公室、人事处、人才工作办公室、科学技术研究院、融合创新研究院、军工保密办公室、文科科研处、国际合作与交流处（含孔子学院）、港澳台事务办公室、对外联络与发展处、财务与国有资产管理处、资产与实验室安全管理处、基础教育集团。

机关第三党总支：党委学生工作部、党委研究生工作部、研究生院、教务处、本科生招生办公室、外国留学生工作处、共青团复旦大学委员会。

机关第四党总支：保卫处（武装部）、总务处、采购与招标管理中心、基建处、张江校区管理委员会、江湾校区管理委员会、校园信息化办公室、档案馆。

智库党总支：复旦大学发展研究院、"一带一路"及全球治理研究院。

继续教育学院党总支：继续教育学院。

复旦大学上海医学院机关党委未设下属党总支，涵盖如下部门：上海医学院党政办公室、上海医学院纪委（监察专员办公室）综合办公室、纪检监察室、上海医学院党委组织部、上海医学院党委宣传部、上海医学院党委教师工作部、上海医学院党委统战部、上海医学院党委学生工作部（处）、上海医学院机关党委办公室、上海医学院学科规划与"双一流"建设办公室、上海医学院人事与人才办公室、上海医学院教务处、上海医学院研究生院、上海医学院科研处、上海医学院财务办公室、上海医学院医院管理处、上海医学院国际合作与交流暨港澳台事务办公室、枫林校区管委会。

（四）机关部门职能

机关是学校运行管理的中枢，是承上启下、横向沟通的重要桥梁，保障学校各项工作有条不紊地进行。

机关部门的职能可以从四个维度来定位：一是机关与学校的维度。机关部门是党委和行政的职能机构，在复旦大学努力迈向世界一流大学前列的征程中，机关部处要成为高水平参谋，为学校决策提供扎实的调研成果、可行性论证、合理的建议方案等高质量信息，同时要宣传落实学校的系列政策方针及重大决策部署，根据学校工作的总体要求制定具体方案措施，并进行督查督办、及时反馈，保证学校决策落到实处。二是机关与院系的维度。在学校、院系两级管理体系下，院系是组织教学、科研、学术活动的主体机构，机关是学校把握办学方向、改革管理体制、选用中层干部、制定发展规划、建设和管理公共资源、考核评估与协调监督等的职能机构，机关既要对院系等基层单位的业务工作进行指导、督促、检查，又要服务院系发展，协助院系办学。三是机关部门间的维度。在学校的大局下，机关各部处都是小局、局部，局部与局部之间要形成一个高效有序的工作系统，必须打破部门藩篱，通过建立沟通联系制度、协调机制等方式共享资源、错位分工，发挥一加一大于二的效用。四是管理与服务的维度。机关的管理与服务功能相辅相成，不可分割，科学的管理是为了实现更好的服务，高水平的服务不能离开科学的管理，协调处理好管理与服务的关系就是处理好机关和师生群众的关系。

履行好部门职责必须建立科学的议事决策机制。机关部门议事决策要坚持民主集中制的原则，坚持解放思想、实事求是的原则，必须确保决策规则的科学合理、程序正当、过程公开、责任明确。重大决策、重要人事任免、重大项目安排和大额度资金使用（即"三重一大"）事项必须集体讨论决定，通过建立对上级的请示、汇报制度，部门内领导班子会议制度、部门例会制度，部门间专题办公会、协调会等方式构建健全的议事决策体系，促进决策的科学化、民主化。

二、从基本要素入手管理部门

（一）业务范围

部门工作开展要明确业务范围，可以从三个层面着手。一是在学校发展中的职能定位。部门业务既不能脱离自身发展规律，也不能脱离学校中心工作，不应该是一座"孤岛"。二是厘清部门内部的业务范畴。要业务齐全、职责清楚、分工明确。三是部门之间的业务范围要明确。要根据实际情况，找出部门之间的接口工作，明确定义这些接口该如何处理，并将处理过程纳入日常工作，这样工作起来才能够知己知彼，协同并进。如"机关党委负责机关党组织的建设及党员的教育、管理和监督工作，围绕学校中心任务开展干部职工的思想政治工作和政治理论培训，指导工、青、妇等群众组织开展工作"——这个职能描述就包括了机关党委在三个层面的业务范围。

可以通过学校网站公布的部门信息、相关制度文件、向老同志请教等方式了解机关部门的业务范围。随着学校事业的发展、机关结构的变化，部门的业务范围也不是一成不变的，要始终把握部门职能的核心，适时调整业务范围，分清主次，这样才能积极发挥机关部处应有的作用。

（二）机构设置

机构是部门运作的实体，只有科学设置，才能更好地发挥合力、促进发展。明确决策机构/机制是管理部门的一个切入点，议事决策机制可以是部门领导班子会议，也可以是全体会议。部门的最高决策机制应负责确立部门重点建设方向、策划重大项目、决策部门重大事项等重要工作。

科室一般应根据部门业务发展需要来设置，必须遵循功能齐全、精简高效、管理幅度适中、指标均衡等原则，避免出现科室重叠、业务交叉现象。同时，每个科室都要处理好科室之间、部门之间部分职责真空地带、交叉地带的工作，明确综合协调科室或职能。根据业务功能，还要进一步明确科室各岗位职责，做到各司其职又互相补位，促进部门工作开展。

科室的设置要对接学校和部门发展的需求，学校机构调整，部门也应该建立与之相对应的科室或者指定对接人员，要定时通过调研，与科室负责人、科室成员谈心，评估科室绩效等方式来科学评价科室设置。

（三）制度建设

制度建设是根本性、全局性、稳定性和长期性的重要工作，为了维护正常的工作秩序，保证部门各项政策的顺利执行和各项工作的正常开展，需要制定具有指导性与约束力的文件，这些文件就是制度。要始终把制度建设摆在重要位置，不断进行科学的制度设计和制度创新，加强工作程序的规范化、岗位责任的明晰化、管理方法的科学化，构建系统完备、科学规范的制度体系，实现按制度办事、靠制度管人的工作机制。

制度可分为法规性制度和岗位性制度两种类型。法规性制度是对某方面工作制定的带有法令性质的规定，如《部门财务报销制度》。岗位性制度适用于某一岗位上的长期性工作，所以有时制度也叫"岗位责任制",如《办公室人员考勤制度》。

制度的制定要严谨,必须以有关政策、法律、法令为依据,制度本身要有规范性和程序性,为工作和活动提供可供遵循的依据。一旦建立了制度,就应该在制度的框架内工作,如果制度无法满足发展的需要,则要通过规范的程序来修改或者废立制度。

(四) 财务管理

经费是一个部门运行的物质保障,要了解部门经费的性质、分类、预算、收支等情况,科学制定预算并根据学校财务工作节点和工作规律合理使用资金,为部门规划、管理、决策等方面事项提供重要保障。

1. 预决算管理

预算是指根据事业发展规划和计划编制的年度财务收支计划。决算是指根据年度预算执行结果编制的年度报告,包括年度决算报表和财务情况说明书。

收入预算框架包含:学校拨款、事业收入、其他收入。

支出预算框架包含:基本运行支出预算、项目支出预算、三公经费预算、政府采购预算。

预算编制说明包括:预算编制的指导思想和原则、年度重点工作、收入预算和支出预算的测算依据、申报项目的目标和实施计划、落实重点工作的资金安排、重大事项说明。

对由于工作任务变动等客观因素导致确需增加、减少或取消预算的,应当严格按有关规定履行相应的预算调整审批程序。

2. 收入管理

收入是指为开展教学、科研及其他活动依法取得的各项非偿还性资金,包括财政补助收入、事业收入、上级补助收入、附属单位上缴收入、经营收入和其他收入。

高校的各项收入都要纳入学校预算管理,收入款项必须全额进入学校规定的银行账户,实行统一管理,统一核算,做到全面、真实、准确。

收入管理应当重点关注下列风险。

(1) 收入业务未归口财务部门统一收取及集中核算,相关收入合同未及时提交财务部门,票据、印章管理制度不严,可能导致收入应收未收、收入金额不实,或者存在私设"小金库"的情形;

(2) 违反规定擅自增设收费项目、提高收费标准或扩大收费对象,导致发生违规收费收入;

(3) 未按规定及时上缴各类非税收入,可能导致违规截留、挤占、挪用各类非税收入;

(4) 收入核算不规范,收入长期挂账,未及时、准确地确认为收入,导致收入不完整、不真实;

(5) 收入业务相关岗位设置不合理,不相容岗位未实现相互分离,可能导致发生错误或产生舞弊。

3. 支出管理(含三公经费使用)

支出是指开展教学、科研及其他活动发生的资金耗费和损失。

支出管理应当重点关注下列风险。

(1) 支出业务未纳入预算或超过预算规定的范围、标准,可能导致经费滥用或无效使用;

(2) 支出授权审批制度不完善,重大项目和大额资金支出未履行集体决策程序,可能导致资金损失或浪费;

(3) 业务经办人未提供真实、合法票据,或提供的票据与实际业务不符,可能导致资金被套取或浪费;

(4) 财务报销审核不严格,支付控制不到位,可能导致资金损

失或浪费,或者出现私设"小金库"的情形;

(5) 应收或预付款长期挂账未清理,可能导致支出不真实、不完整。

(五) 部门资产

部门固定资产是整个学校国有资产的重要组成部分,是单位履行职责的物质基础。各部门要在遵守法律法规的前提下,着眼于自身实际,强化资产管理意识,制定具体的资产管理制度与模式,将每一项资产管理切实落到具体科室或个人,发现资产管理问题要及时寻找有效解决途径。

1. 学校国有资产范围

学校国有资产包括用国家财政性资金形成的资产、国家无偿调拨给学校的资产、按照国家政策规定运用国有资产组织收入形成的资产以及接受捐赠等经济法律确认为国家所有的其他资产。其表现形式包括:流动资产、长期投资、固定资产、在建工程、无形资产和待处置资产。

2. 管理部门职责

财务与国有资产管理处是负责学校国有资产管理工作的职能部门,对学校国有资产实行综合管理。学校国有资产管理工作按业务分工和资产实际用途实行分类归口管理,由相关职能部门负责,如流动资产归口资产管理处管理、在建工程归口基建处管理、图书归口图书馆管理等。

3. 资产使用单位职责

各资产使用单位负责制定本单位管理制度和实施细则,并将国有资产管理责任落实到具体部门和个人。对大型仪器设备,要建立维护保养制度,编制维修计划,定期检查资产的使用状况;对精密贵重仪器,要制定操作规程,并指定专人操作。各资产使用单位对配备给个人使用的资产,须建立领用、交还制度。工作人员调动时,须办理所使用和保管资产的移交手续。各资产使用单位不得将其占用、使用的国有资产作为抵押物对外抵押或担保;不得卖期货、股票或进行任何金融风险投资(国家另有规定的,从其规定)。利用国有资产对外投资、出租、出借等事项,须履行审批手续。

4. 资产处置

学校国有资产处置方式包括出售、出让、转让(含股权减持)、对外捐赠、无偿调拨(划转)、盘亏、置换、报废、报损以及货币性资产损失核销等。

学校国有资产处置的范围有如下6项。

(1) 已超过使用年限无法使用的资产;

(2) 因技术原因并经过科学论证,确需报废、淘汰的资产;

(3) 因单位分立、撤销、合并、改制、隶属关系改变等原因发生产权或使用权转移的资产;

(4) 盘亏、呆账及非正常损失的资产;

(5) 闲置、拟置换的资产;

(6) 依照国家有关规定需要处置的其他资产。

(六) 安全防线

安全稳定是干好一切工作的前提和基础,各部门要增强安全意识,不断健全安全制度规范,强化各项管理措施,完善安全防控体系,着力做好安全稳定、网络安全、信息保密、安全生产等工作,为学校教育事业发展提供有力保障。一是要严格按照学校安全防范工作规范要求,加强人防、物防、技防,强化安全基础建设,提升安全防护能力。二是要提高防范意识,狠抓安全宣传教育。要提高部门员工保密意识、网络安全意识、安全生产等安全防范意识，增强应急意识和能力。三是要完善责任体系，确保安全工作要求落到实处。

安全稳定工作，重点是牢牢把握意识形态工作领导权，强化理论武装和思想建设，加强和改进思想政治工作，完善校院两级意识形态工作联动机制。校园安全稳定工作必须坚定社会主义办学方向，坚持和巩固马克思主义指导地位，坚决把住意识形态工作的领导权、管理权、话语权、主导权。

网络安全工作，要制定符合本部门实际情况的实施细则，并建立健全网络安全管理的各项措施，对上网人员进行安全和保密教育；确保信息设备的物理安全、系统安全及数据安全，随时监控运行状态等；做好各类信息设备的管理与维护工作；要做好各类信息系统、网站的开发、管理与维护工作，定期进行系统升级和信息更新，防止信息泄露和非法攻击。

安全保密工作，各部门必须确定一名领导分管保密工作，并设一名兼职保密员负责日常保密工作。要做好保密文件、资料（含复印密件）的领取、保管、清退。学校工作中涉及保密的事项应按照有关国家秘密及其密级的具体规定执行。

安全生产工作，各部门要结合职责范围和业务特点，及时组织、认真落实好安全生产相关工作，确保师生员工人身财产安全和校园平稳有序。单位领导要把安全生产放到首要位置，保持警觉，要严格落实安全生产主体责任，确保责任落到实处、落到人头；要加强安全教育，保证员工具备必要的安全基础知识，熟悉安全规章制度和安全操作规程，掌握安全操作技能，了解事故应急处置措施；要聚焦本单位内部运行安全风险点，重视排查以往安全检查反馈中问题较多和安全基础薄弱的地方。

三、从团队管理入手带好队伍

（一）班子分工

一个部门的领导班子，是领导和推动工作的"火车头"。领导班子要加强民主集中制建设，贯彻"集体领导、民主集中、个别酝酿、会议决定"的原则，坚持重大问题充分酝酿协商，坚持集体领导与个人分工负责相结合。作为机关部处长，要努力提升站位格局、行政效能、服务质量和协作意识，副职干部要做到到位不越位、分工不分家、放手不撒手。要进一步提高思想政治素质和领导能力水平，增强班子的团结和活力，狠抓作风建设。

实行集体领导和个人分工负责相结合的制度，有两个基本要求：一是凡属重大问题，如重大事项决定、重要干部任免，重大项目安排、大额资金使用以及其他必须由集体讨论决定的问题，都要按照集体领导、民主集中、个别酝酿、会议决定的原则，集体讨论作出决定，任何个人都无权自作主张。二是在班子内部，要明确规定各个领导成员所担负的具体责任，做到事事有人管、人人有专责。班子分工既要考虑整体工作需要，从有利于工作开展、有利于团结和发挥班子整体作用角度出发，又要考虑发挥成员个人能力特长。因此，要对班子中每个成员的基本情况、个体素质和能力特点作充分了解，同时要考虑班子结构、学历阅历、专业知识、性格特点等，使班子能力比较全面，增强整体实力。每个领导成员都要根据集体决定和分工,切实履行自己的职责,不允许各行其是,要做到集体领导、科学分工、职责互补、权责统一。

(二) 干部管理

1. 出差报批和备案

干部在工作时间需要到外埠出差的,应当按照学校《关于进一步加强学校各级领导干部出差报批和备案管理的通知》的要求,提前办理好审批手续,并报学校办公室备案。一般副职干部要向正职干部报告,正职干部要向分管校领导报告。

2. 缺会请假

学校召开的重要会议,与会干部不得无故缺席。已经有其他工作安排的,应当按照小会服从大会、局部服从整体的原则,调整工作安排。确实因工作需要难以出席会议的,应当向办会部门履行请假手续。

3. 干部考核

干部考核主要有年度考核、任期考核和日常考核三种方式。

年度考核:主要根据年度工作要点、重点任务和干部岗位职责进行考核。

任期考核:以任期目标为主要依据,以领导能力、工作水平、任期实绩为重点内容,以群众反响和单位氛围为参考因素,对班子及正职进行考核,兼顾其他班子成员。

日常考核:主要通过巡视巡查、督查督办、专项调查等方式进行,重视在应对重大事件、完成重大任务以及涉及个人利益时考察干部。

4. 述职述廉

结合年度考核,领导干部要围绕德、能、勤、绩、廉五个维度进行述职述廉报告,如实报告履行岗位职责和廉洁从政等方面的情况,接受群众的民主评议,不得隐瞒、回避重要问题。

5. 民主生活会

民主生活会是政治生活中的一项重要制度,部门全体领导干部(含党外干部)应当认真参加。民主生活会前应认真准备对照检查材料和个人发言提纲,会上认真严肃地开展批评和自我批评,会后认真抓好整改落实,达到交流思想、查找问题、增进团结、共同提高的目的。

(三) 干部监督

1. 出国(境)审批

根据中组部对领导干部因公、因私出国(境)管理的要求,学校制定了相应的审批流程。领导干部出国(境)须报党委组织部审批通过后方可办理出境手续。因公出国(境)证件,由国际合作与交流处集中保管;因私出国(境)证件(含因公或因私办理的往来台湾通行证),由党委组织部集中保管。

干部因旅游、探亲等需要因私出国(境)的,经审批通过后可在节假日、寒暑假等不影响工作的情况下,持因私出国(境)证件出国(境)。在出国(境)前,个人填写《复旦大学教职工因私出境登记表》,经所在单位或部门负责人及所在党组织负责人签字(正职领导干部还需经分管校领导审签),提交国际合作与交流处出国出境中心,由党委组织部审批。审批通过后,向组织部借取因私出国(境)证件,并在回来后十天内归还。

2. 个人有关事项报告

领导干部报告个人有关事项,是管党治吏的一项重要制度安排。根据中组部《领导干部报告个人有关事项规定》(以下简称《规定》)和《领导干部个人有关事项报告查核结果处理办法》的有关规定,结合我校实际,学校党政职能机构、群团组织等机构领导干部,独立法人单位领导班子成员及内设管理机构的副处级以上领导干部均在报告范围内。报告范围内的人员,应在每年1月底前填写《领导干部个人有关事项报告表》,如实报告上一年度情况,并及时上交党委组织部。如发生《规定》第三条所列八大事项变化的,应当在事后30日内按照规定报告。

3. 企业和社会团体兼职

学校制定了《复旦大学关于改进和完善中层领导人员兼职及取酬的管理规定》(复委组发〔2021〕16号),部处长等领导干部未经批准不得在社会团体、基金会、民办非企业单位和企业兼职。确因工作需要,兼任与本单位或教学科研领域相关职务的,应在兼职前履行审批手续。由干部本人填写《复旦大学中层领导干部兼职审批表》,经所在单位党委研究同意后报党委组织部,经学校党委审批后方可兼职。兼职应严格按照政策要求,兼职数量不超过5个,同一单位兼职不超过两届,最长不超过10年。

(四) 干部培养

在2021年秋季学期中央党校(国家行政学院)中青年干部培训班开班式上,习近平总书记强调,年轻干部生逢伟大时代,是党和国家事业发展的生力军,必须练好内功、提升修养,做到信念坚定、对党忠诚,注重实际、实事求是,勇于担当、善于作为,坚持原则、敢于斗争,严守规矩、不逾底线,勤学苦练、增强本领,努力成为可堪大用、能担重任的栋梁之才,不辜负党和人民期望和重托。

按照中央和学校党委对优秀年轻干部队伍建设的要求,坚持党管干部、党管人才,德才兼备、以德为先,群众公认、注重实绩,专兼结合、备用结合的原则,识人察人,通过日常培养和集中调整,着重发现在工作实践中涌现的综合素质好、群众认可度高的专职管理干部,建立一支素质优秀、规模适当、结构合理的优秀年轻干部队伍。

机关工作标准高、要求严,对人员的综合能力素质提出了很高的要求,是学校培养干部的重要渠道。作为一名机关部处长,应该具有本部门干部培养规划意识,清楚部门的人才底数、层次结构,对于各方面条件较好的科级后备干部,要从严管理,把思想政治建设放在首位,为其创造多种锻炼的机会,拉长板补短板,助力后备干部成长为党性坚定、业务能力过硬的成熟干部。对于一般的年轻干部要重在育苗,着力于把其培养为能够独当一面的业务能手,多支持年轻干部参加专业培训、机关和学校层面的各类培训等,帮助他们积累实践经验。

(五)职称评审

为加强党务、行政管理队伍建设,提升学校治理能力水平,助力学校"双一流"建设,对聘任在管理岗位、专职从事党务和行政管理工作的人员,实施高等教育管理研究系列高级、中级、初级职务任职资格评审工作,其中高级职务任职资格评审工作遵照《复旦大学高等教育管理研究系列高级职务任职资格评审实施办法》执行,初、中级职务任职资格评审工作参照《复旦大学初中级专业技术职务聘任办法》有关规定执行。机关各部处应支持本单位人员参加职务任职资格评定,并以此为导向,引导部门人员进一步提升思想政治素质、职业道德、履职能力、业绩贡献、管理能力和研究水平。

（六）人事招聘

根据《复旦大学党政管理岗位统一公开招聘实施办法》（校通字〔2017〕10号），除国家政策性安置、按干部人事管理权限由上级任命及涉密岗位等确需使用其他方法选拔任用人员外，党政管理岗位原则上每学期面向校外统一公开招聘一次，由人事处统一组织实施。学校成立管理岗位公开招聘工作小组，负责全校管理岗位统一公开招聘的全程管理。

学校统一公开招聘前将向各部门发送报送岗位需求的通知，机关各部处应提前谋划，需要招聘人员时，按照时间节点提交岗位需求、岗位编制类型（编制内、租赁制）、人员要求等，并成立本单位的管理岗位招聘工作小组，由部处领导、职工代表等相关人员组成，规范有序实施本部门的招聘工作。

四、从支部建设入手建好战斗堡垒

（一）党建工作基本要求

新时代党的建设总要求是：坚持和加强党的全面领导，坚持党要管党、全面从严治党，以加强党的长期执政能力建设、先进性和纯洁性建设为主线，以党的政治建设为统领，以坚定理想信念宗旨为根基，以调动全党积极性、主动性、创造性为着力点，全面推进党的政治建设、思想建设、组织建设、作风建设、纪律建设，把制度建设贯穿其中，深入推进反腐败斗争，不断提高党的建设质量，把党建设成为始终走在时代前列、人民衷心拥护、勇于自我革命、经得起各种风浪考验、朝气蓬勃的马克思主义执政党。

机关基层党组织必须高举中国特色社会主义伟大旗帜，以马克思列宁主义、毛泽东思想、邓小平理论、"三个代表"重要思想、科学发展观、习近平新时代中国特色社会主义思想为指导，坚持党的基本理论、基本路线、基本方略，增强"四个意识"、坚定"四个自信"、做到"两个维护"，以党的政治建设为统领，以提升组织力为重点，以党支部建设为基础，全面提高机关党的建设质量，在深入学习贯彻习近平新时代中国特色社会主义思想上作表率，在始终同以习近平同志为核心的党中央保持高度一致上作表率，在坚决贯彻落实党中央各项决策部署上作表率，建设让党中央放心、让人民群众满意的模范机关，促进本单位各项工作任务的完成。

机关党委的基本职责：深入学习和贯彻执行中央和学校党委决策部署；推进"两学一做"学习教育常态化制度化，抓好党员学习；做好党员教育、管理、监督和服务，严格党的组织生活，维护和执行党的纪律；密切联系群众；做好党员发展工作；抓好机关思想政治和意识形态工作；加强机关领导班子建设；做好群团工作；加强机关党总支、党支部队伍建设；加强机关作风建设和效能提升；落实党风廉政建设责任制。

（二）党支部的工作机制

党支部是党的基础组织，是党组织开展工作的基本单元，是党在社会基层组织中的战斗堡垒，是党的全部工作和战斗力的基础，担负直接教育党员、管理党员、监督党员和组织群众、宣传群众、凝聚群众、服务群众的职责。

机关党支部是加强机关党员教育管理监督服务的基本单位，是团结带领广大教职工加快推进学校改革发展的战斗堡垒。部门应根据党员人数和工作具体情况成立党支部或设立党小组，让党组织在工作中唱主角，发挥职责作用。

党支部工作机制如下。

（1）党支部党员大会是党支部的议事决策机构，由全体党员参加，一般每季度召开1次；

（2）党支部委员会是党支部日常工作的领导机构；

（3）党员人数较多或者党员工作地、居住地比较分散的党支部，按照便于组织开展活动的原则，应当划分为若干党小组，并设立党小组组长。党小组组长由党支部指定，也可以由所在党小组党员推荐产生；

（4）党支部党员大会、党支部委员会会议由党支部书记召集并主持。书记不能参加会议的,可以委托副书记或者委员召集并主持。党小组会由党小组组长召集并主持。

(三) 党支部委员会建设

有正式党员7人以上的党支部,应当设立党支部委员会。党支部委员会由3至5人组成,一般不超过7人。党支部委员会设书记和组织委员、宣传委员、纪检委员等,必要时可以设1名副书记。正式党员不足7人的党支部,设1名书记,必要时可以设1名副书记。党支部委员会一般每届任期为3年。

党支部书记主持党支部全面工作,督促党支部其他委员履行职责、发挥作用,抓好党支部委员会自身建设,向党支部委员会、党员大会和上级党组织报告工作。党支部书记应当具备良好政治素质,热爱党的工作,具有一定的政策理论水平、组织协调能力和群众工作本领,敢于担当、乐于奉献,带头发挥先锋模范作用,在党员、群众中有较高威信。机关党支部书记一般由部处长担任。

党支部委员会成员应当自觉接受上级党组织和党员、群众监督,加强互相监督。党支部书记每年应当向上级党组织和党支部党员大会述职,接受评议考核,考核结果作为评先评优、选拔使用的重要依据。

(四) 依规开展组织生活

组织生活是党支部对党员进行教育管理的基本方式,参加支部生活是共产党员应尽的义务,党员领导干部应当带头参加所在党支部或党小组的组织生活。

党支部应当严格执行党的组织生活制度,经常、认真、严肃地开展批评和自我批评,增强党内政治生活的政治性、时代性、原则性、战斗性。党支部应当组织党员按期参加党员大会、党小组会和上党课，定期召开党支部委员会会议。党支部每月相对固定1天开展主题党日，组织党员集中学习、过组织生活、进行民主议事和志愿服务等。

党支部每年至少召开1次组织生活会，一般每年开展1次民主评议党员。

党支部应当经常开展谈心谈话。党支部委员之间、党支部委员和党员之间、党员和党员之间，每年谈心谈话一般不少于1次。

党支部应当注重分析党员思想状况和心理状态，做好心理疏导和思想政治工作。

（五）党员干部教育管理

党员教育管理是党的建设基础性经常性工作。党员教育管理工作的目标是努力建设政治合格、执行纪律合格、品德合格、发挥作用合格的党员队伍。加强党员教育管理，关键是在提高质量上下真功，突出针对性、增强实效性。要按照《中国共产党党员教育管理工作条例》规定，坚持以党的政治建设为统领，把用习近平新时代中国特色社会主义思想武装全党作为首要政治任务，引导广大党员践行新思想、适应新时代、展现新作为。坚持问题导向，针对不同群体党员特别是流动党员，采取精准有效的措施，确保党员流动到哪里，党组织的教育管理就跟进到哪里。坚持"三会一课"、主题党日、集中培训等基本制度，通过树立学习重大先进典型和身边榜样等直抵人心的方式，使党员教育管理有力度有温度。坚持改革创新，适应时代发展要求，用好信息网络手段，不断提高党员教育管理工作现代化水平。

党员教育管理工作应该遵循以下原则：（1）坚持党要管党、全面从严治党,把严的要求落实到党员教育管理工作全过程和各方面,党员领导干部带头接受教育管理;(2)坚持以党的政治建设为统领,突出党性教育和政治理论教育,引导党员遵守党章党规党纪,不忘初心、牢记使命;(3)坚持围绕中心、服务大局,注重党员教育管理质量和实效,保证党的理论和路线方针政策、党中央决策部署贯彻落实;(4)坚持从实际出发,加强分类指导,尊重党员主体地位,充分发挥党支部直接教育、管理、监督党员的作用。

党员教育的七项基本任务是:加强政治理论教育、突出政治教育和政治训练、强化党章党规党纪教育、加强党的宗旨教育、进行革命传统教育、开展形势政策教育、注重知识技能教育。

党员领导干部应当坚持更高标准、更严要求,全面学、系统学、贯通学、深入学、跟进学,自觉用科学理论武装头脑、指导实践、推动工作,发挥示范带动作用。

五、从党风廉政入手加强自我约束

（一）遵守党章和党的纪律

1. 党章

党章就是党的根本大法，是全党必须遵循的总规矩。从中共二大诞生的第一部党章算起，党章历经17次修改。2017年10月24日，中国共产党第十九次全国代表大会审议通过了关于《中国共产党章程（修正案）》的决议。把习近平新时代中国特色社会主义思想写入党章，将其确立为党的指导思想，是这次党章修改的最大亮点和最突出历史贡献。

习近平总书记在党的十九大闭幕大会上发表重要讲话时指出，大会通过的党章修正案，体现了党的十八大以来党的理论创新、实践创新、制度创新取得的成果，体现了党的十九大报告确立的重大理论观点和重大战略思想，反映了这些年来党的建设的成功经验，对加强党的全面领导、推进全面从严治党提出了明确要求。

2. 党的纪律

党的纪律是党的各级组织和全体党员必须遵守的行为规则，是维护党的团结统一、完成党的任务的保证。《中国共产党纪律处分条例》是为了维护党章和其他党内法规，严肃党的纪律，纯洁党的组织，保障党员民主权利，教育党员遵纪守法，维护党的团结统一,保证党的路线、方针、政策、决议和国家法律法规的贯彻执行,而制定的党内法规。

自 1997 年 2 月中央发布实施《中国共产党纪律处分条例(试行)》以来,该《条例》历经 4 次修改。2018 年 10 月 1 日,最新修订的《中国共产党纪律处分条例》开始生效。此次新修订的《条例》共 142 条,与原《条例》相比新增了 11 条,修改了 65 条,整合了 2 条。修订后的《条例》政治性更强,内容更科学,逻辑更严谨,指导性和可操作性更强。

(二) 中央的八项规定精神

2012 年 12 月,十八届中共中央政治局审议通过中央政治局关于改进工作作风、密切联系群众的八项规定。2016 年 8 月,中共教育部党组制定印发了《高等学校深化落实中央八项规定精神的若干规定》。各地认真贯彻落实中央八项规定精神,结合实际制定了具体细化措施。2017 年 10 月,十九届中央政治局进一步审议通过了《中共中央政治局贯彻落实中央八项规定的实施细则》。教育部相继出台了《教育部贯彻落实中央八项规定精神及实施细则的实施办法》。

学校党委高度重视对中央八项规定精神的贯彻落实,于 2014 年 3 月印发了《复旦大学关于贯彻落实〈党政机关厉行节约反对浪费条例〉的实施意见》(复委[2014]16 号),从经费管理、国内差旅、因公临时出国(境)、公务接待、公务用车、会议活动、办公用房、资源节约、加强宣传教育和监督检查等方面,提出 25 条具体要求和规定。为细化贯彻落实中央八项规定精神举措,校党委又相继制定印发了《复旦大学国内公务接待管理办法》(复委办[2014]1 号)、《复旦大学科研项目等资金差旅费管理暂行办法》(校通字[2016]

21号)、《复旦大学科研项目等资金会议费管理暂行办法》(校通字[2016]22号)等制度文件。

为贯彻落实党的十九大关于作风建设新部署新要求,校党委根据党中央和教育部党组文件精神,于2018年10月制定印发了《复旦大学深入贯彻落实中央八项规定精神的实施办法》,从改进调查研究、热情服务群众、精简会议活动、精简文件简报、改进新闻报道和文稿发表、规范外事活动、厉行勤俭节约、加强督促检查等方面,提出25项具体落实举措,进一步巩固和拓展落实中央八项规定精神成果。

为贯彻落实党中央关于解决形式主义突出问题为基层减负的决策部署和习近平总书记系列重要指示批示精神,校党委结合学校实际,2019年印发了《关于解决形式主义突出问题的基层减负的若干措施》,2021年印发了《复旦大学持续解决形式主义问题八项举措》,推动学校各级党组织和领导干部反对形式主义不断深入,取得实效。

为做好教育提醒,每年逢元旦、春节、"五一"、端午、中秋、国庆等重要节假日,学校办公室、纪委办公室联合印发通知,强调深化落实中央八项规定精神有关纪律要求。纪委办公室还定期编发违反中央八项规定精神典型案例,强化纪律规矩意识,抓好警示教育,目前已形成常态。

(三) 党风廉政建设责任制

党风廉政建设责任制是指各级党委(党组)、政府(行政)及其职能部门的领导班子、领导干部在党风廉政建设中应当承担责任的制度。党的十八届三中全会强调,加强党对党风廉政建设和反腐败工作统一领导,落实党风廉政建设责任制,党委负主体责任,纪委负监督责任。

"一岗双责"是党风廉政建设责任制的一个重要概念。它是指，每一位领导在自己的职责范围内，在现有的分工和工作岗位上要同时履行好两个职责：一是做好日常工作和业务工作，履行日常管理的职责；二是做好党风廉政建设工作，履行落实党风廉政建设责任制的职责。根据"一岗双责"的要求，领导干部的工作职责和掌握的权力管到哪里，党风廉政建设的职责就要管到哪里，一旦出了问题，责任就要承担到哪里。

2014年7月，根据党中央有关精神，校党委制定印发《中共复旦大学委员会关于落实党风廉政建设主体责任的实施意见》（复委[2014]31号），明确提出，落实党风廉政建设主体责任是党委领导班子及其成员的一项重大政治责任，也是我校加快建设世界一流大学的必然要求。各单位、各部门主要负责人是本单位、本部门党风廉政建设第一责任人，班子其他成员根据工作分工对职责范围内的党风廉政建设负领导责任。

2014年9月，校党委制定印发《复旦大学党政领导班子成员执行党风廉政建设责任制实施办法》（复委[2014]37号），对校领导班子及其成员提出要求：加强对全校各部门、单位执行党风廉政建设责任制的检查考核，督促各部门、单位在年终总结业务工作的同时，对执行党风廉政建设责任制情况进行总结和报告。检查考核情况要通过一定形式、在适当范围内通报。

2014年12月，校党委制定印发《复旦大学二级单位和机关部处执行党风廉政建设责任制指导意见（试行）》（复委[2014]54号），对二级单位和机关部处执行党风廉政建设责任制的总体要求、责任内容、检查考核、责任追究等做了进一步明确，对机关部处主要负责人的第一责任人责任和班子成员的"一岗双责"责任内容作了全面细化。该《意见》还提出建立"一案双查"和"责任倒查"机制，即"分管领域出现问题的须追究分管领导的责任；对于经常出现问题或出现严重问题的单位（部门），还将追究其党政主要负责人的责任"。

2016年1月，习近平总书记在十八届中央纪委六次全会上明确提出管党治党的新要求，强调各级党组织要担负起全面从严治党主体责任。从党风廉政建设主体责任发展到全面从严治党主体责任，不只是字面上的变化，同样源于实践的发展、认识的深化。党风廉政建设和反腐败工作是全面从严治党的一部分，党的建设必须全面从严，各级党组织及其负责人都是责任主体。

全面从严治党"四责协同"机制，是上海市委、市纪委在推进全面从严治党、落实管党治党责任方面探索出来的一种工作机制。根据"四责协同"要求，要建立起党委主体责任、纪委监督责任、党委书记第一责任、班子成员"一岗双责"横向协同、纵向联动的全面从严治党责任落实机制，其中党委主体责任、纪委监督责任合称"两个责任"。

2018年9月26日，中共复旦大学第十五次党员代表大会审议通过了党委工作报告和纪委工作报告。党委工作报告提出，办好中国特色世界一流大学，关键在党，关键在人，新时代要深化党风廉政建设和党内监督，以一流党建和思想政治工作引领一流大学建设。纪委工作报告提出，要全面推进"四责协同"机制建设，完善责任落实机制，持续深化全面从严治党，一体推进"不敢腐、不能腐、不想腐"机制建设，为加快建设中国特色世界顶尖大学提供坚强纪律保障。

巡视是党内监督和群众监督的有效形式。巡视工作要以习近平新时代中国特色社会主义思想为指导，坚守政治巡视职能定位，以政治建设为统领,增强"四个意识",坚定"四个自信",通过巡视,营造风清气正、干事创业的良好政治生态和育人环境,确保高校始终成为"两个维护"的坚强阵地。巡视结果作为干部考核评价、选拔任用、奖励惩处和对干部进行调整、免职、降职等组织处理的重要依据。被巡视单位党组织担负巡视整改主体责任。党组织主要负责人是落实整改工作的第一责任人,领导班子成员履行"一岗双责",负责职责范围内的整改工作。对巡视发现的问题要综合分析研判,深入查找深层次体制机制原因,建章立制、堵塞漏洞,促进标本兼治。

(四)"三重一大"决策制度

1996年,第十四届中央纪委第六次全会公报对党员领导干部在政治纪律方面提出四条要求,其中第二条纪律要求表述为:"认真贯彻民主集中制原则,凡属重大决策、重要干部任免、重要项目安排和大额度资金的使用,必须经集体讨论作出决定。"2005年,中共中央颁布《建立健全教育、制度、监督并重的惩治和预防腐败体系实施纲要》(中发[2005]3号),其中第六款第十三条提出:"加强对领导机关、领导干部特别是各级领导班子主要负责人的监督。要认真检查党的路线、方针、政策和决议的执行情况,监督民主集中制及领导班子议事规则落实情况,凡属重大决策、重要干部任免、重大项目安排和大额度资金的使用,必须由领导班子集体作出决定。"

根据中共中央有关要求,校党委于2008年4月制定印发《关于校级党政领导班子落实"三重一大"制度的规定(试行)》(复委[2008]2号),对学校党政领导班子"三重一大"事项的主要内容和范围、集体决策程序和办法、决策的执行、监督检查与责任追究等内容作出具体规定。同时,要求各二级单位和机关部处参照制定本单位议事规则。

2014年4月,校党委印发《关于开展二级单位"三重一大"制度执行情况定期报告和不定期抽查工作的通知》(复委[2014]17号),在全校二级单位范围内建立"三重一大"制度执行情况定期报告和不定期抽查制度。

2015年3月,纪委办公室将编印的《二级单位"三重一大"集体决策制度汇编》印发至各分党委、总(直)支及机关部处,要求各单位注意吸收借鉴其他单位的制度内容,进一步研究完善本单位"三重一大"制度,细化内容,明确决策目录。随着工作的不断深入,校党委要求,对机关部处"三重一大"制度执行情况也要建立定期报告制度。

进阶篇

机关部处是学校党政工作的职能部门,也是学校管理的核心组成部分,承担着组织协调、督查督办、参谋助手、指挥决策、信息利用、对外联络等重要职能,是完成学校各项工作的组织执行者和协调服务者,处于学校管理系统的中心环节,为学校教学、科研工作提供服务和保障,其管理服务水平和运行效率会对教学、科研及人才培养质量产生重要影响。

近年来,学校整体推进机关管理体制改革,在增强效能建设方面取得了一定成效,但与世界一流大学的要求相比还存在一定差距,主要表现有:一是机关管理体制机制依然存在阻碍事业整体发展的难点、师生反映的痛点、影响办学活力的堵点,有的部门机构、职能设置不够规范,科学管理、系统完善的制度标准体系尚未形成,在职能发挥方面还不同程度地存在薄弱环节。二是机关管理部门之间、部门与院系之间协调性不够好,机关部门之间有时会职能和职责不清,各自为政,导致部门之间的沟通有时不充分,协调性不好,信息共享不够;部门与院系的协调沟通有时也不够充分,不同程度影响了工作进度和效率。三是机关作风存在不严不实。机关管理干部主动谋划发展不够,不善于站在学校全局层面思考问题,勇于担当的精神不强;一些部门和工作人员宗旨观念不强,服务意识淡薄;工作作风不实,执行力不强;工作效率不高,办事流程不够精简;协调不够顺畅,存在推诿扯皮现象等等。部分存在"文山会海"的现象,往往"以会议落实会议,以文件落实文件",计划性不强,作风虚浮,严重影响工作效率。

如果这些问题得不到及时解决,势必影响加快建设世界一流大学的进程。加强机关管理体制改革,就是要以刀刃向内的改革创新精神,不断提高管理科学化水平,提高服务实效,构建高水平的管理服务体系,以一流的管理服务水平驱动和引领一流大学建设。

一、谋篇布局

随着学校"双一流"建设不断深入推进,机关管理事务日益增多,工作从单纯的执行任务转变为主要发挥助手职能的智囊型机构,表现出越来越强的政策性、综合性、服务性和专业性。其工作职能与工作定位也从注重内部建设转变为协调学校各部门各方面发展的综合型机构,从侧重行政管理转变为满足师生和教学需求的服务型机构,这也对机关管理工作、管理干部提出更高的要求,机关管理干部必须在理念上实现转变,在全面深化改革中自觉担当,坚持一流导向,聚力内涵发展,提升机关管理服务水平和深入推进机关效能建设,不断优化学校"双一流"建设的软环境,助力学校高质量内涵式发展。

(一) 提高部门工作站位

机关作为学校内部的核心管理机构,既是学校内部治理的主要抓手,也是外部治理体系作用于学校的重要组织中介,在推进学校治理体系现代化建设中占据举足轻重的地位,因此管理干部必须站在学校整体发展的高度发挥部门作用。

管理干部的思想和行动,要统一到习近平新时代中国特色社会主义思想上来,统一到党的十九大精神和党中央重大决策部署上来,要能够主动思考与回答谋什么篇、布什么局,如何推动"双一流"建设,落实学校第十五次党代会精神,靠什么提供支撑保障等等一系列问题。要能够对标上级有关要求,做好"结合"文章,"上接天线,下接地线",坚持攻坚克难善担当,勇于创新谋发展。

找准职责定位、把握工作规律,要做好三方面的工作。

(1) 做好组织协调工作。机关部门在学校起着承上启下的作用,学校的许多工作都是通过机关去具体布置和落实,部门在学校的各项工作中发挥着重要的组织协调作用,其组织协调功能发挥得如何,对学校各项工作的落实和完成,起着重要作用。

(2) 主动当好参谋助手。机关部门处于学校工作的操作和执行层面,学校政策的制定、工作的规划部署,需要机关部门提出建议方案。同时机关部门较为接近学校领导层,要参与学校重大问题的决策,要发挥好参谋助手的作用。

(3) 发挥桥梁纽带作用。机关部门在学校的组织结构中处于学校领导层与院系、师生联系的中间部位,具有很好的桥梁纽带作用。既要及时将学校的工作意图下达给基层和师生,对许多工作和问题进行说明、解释,为院系和师生提供帮助和服务,化解困难和矛盾,凝心聚力,鼓舞士气;又要将基层和师生的意见建议及时反映上传给学校领导层,帮助学校领导及时了解基层和师生合理需要,以及正确的意见和建议,为学校的决策提供依据。

管理干部要以高质量发展为根本要求,能够立足工作的优势长项,聚焦工作中的短板弱项,主动谋划、主动作为、主动担当,做好中流砥柱。要从加强顶层设计、充分发挥发展规划的战略导向作用、明确任务分工等方面,做好统筹谋划工作。俗话说,谋篇布局,排兵布阵,讲究的是观大局、谋大势,只有眼界高、视野宽、格局大,才能从全局和长远的角度把握整体规划。做好谋篇布局,就是要明确发展要求,明晰发展路径,增强工作的前瞻性、战略性、全局性。

（二）着眼可持续性发展

着眼部门可持续发展，需要在调研走访的基础上对接学校发展整体战略，做好工作规划、布局，建立清晰路线图、时间表，确定部门近期、中期和长期的目标任务，"不缺位、不越位""党政同责"，为学校发展打基础、谋长远。要以"功成不必在我"的境界，细化任务清单，明确时间表和路线图，拿出求真务实、真抓实干的优良作风，一项一项抓落实，一锤接着一锤敲，把任务部署变成实际行动，真正体现到学校发展之中，体现到师生满意之中，体现到高质量发展之中。虽然多数情况下学校机关部门都在执行学校的工作部署，但在其职责和职权范围内也要大胆开展工作，不能只是被动地等靠学校的指令，而不创造性地开展工作。

管理工作除了任务布置外，还要有检查，否则，工作就可能达不到预期的效果，甚至得不到落实。要注重督查督办，重在落实检查。一方面，部门制定的工作计划、布置的工作任务、采取的有关重大措施方案，在实际的执行和操作过程中，需要及时跟进，以防出现偏差，对出现的偏差要及时进行纠正，以达到预期的效果；另一方面，学校工作落实情况的检查，需要根据学校工作性质、范围和进程等情况，制定具体的措施，进行督查督办，以保证学校布置的工作得以真正落实和完成。

莫当改革路上的绊脚石

某高校发展改革进入深水区，面对薪酬制度改革、人事聘用制度创新、虚体机构实化等问题，主责部门在上级政策上"等靠要"，在兄弟高校间"请兄弟高校先走一步"，在回应

> 基层呼声时玩"躲猫猫",对师生关切的焦点问题,不主动谋划,而是把担子丢给基层。

分析与启示:

事例中,有的部门在遇到学校事业发展新问题新情况时,满足于原有的工作经验,不主动作为,在工作中存在"凡事靠后一步明哲保身""少做少错,不做不错"的思想。这其实是一种懒政怠政的表现。作为高校的管理中枢,管理职能部门的工作与学校的整体工作息息相关,具有牵一发而动全身的作用和影响。各职能部门只有将主要精力放在抓战略发展、宏观管理上,才能真正站在学校"双一流"建设事业发展的高度,推动学校各项事业顺利发展。这在一定程度上对高校管理干部的素质能力提出了新要求,在实际工作中需要引导和帮助管理干部提高站位、把握规律,能够根据具体情况,发挥好组织协调功能,增强工作的前瞻性、战略性、全局性,不断提升创新管理水平和服务大局的能力。

二、团队建设

团队文化是一个组织、一个单位的工作精神、工作作风、工作理念、工作方式、价值观念的集中体现,是在长期工作实践中逐步养成的,它既是生产力,又是影响力,更是感染力。只有形成共同奋斗的共识和目标,才能具有威力,才能产生创新的力量、发展的力量。加强机关部门的团队建设,有助于增强队伍的凝聚力、战斗力和创造力,有助于推动各项工作的顺利开展。

但是在实际工作中,由于个体差异,素质参差不齐,培养团队精神总会有一些阻力、困难。有的领导干部组织观念不强,自己说了算,民主集中制意识淡漠,重大事项不商量不沟通,也不提交会议讨论。有的副职不能正确行使权力,出现超越职权处理工作的现象。如果总是搞个人主义,就会造成角色易位;如果互相拆台,搞内耗,那就会弄得像一盘散沙。同时培养团队精神,也不是无原则地搞一团和气,迁就个别,更多的是在不断提升组织内涵建设的基础上,激发内在推动力的必然选择。

(一)领导班子凝聚力建设

(1)当好"班长"。团队精神培养取决于团队的组织者和领导者。机关部处长作为部门管理者、领头羊,要懂得利用团队文化来影响团队、影响员工,学会把倡导的价值观、行为方式、思维方式潜移默化地变成员工的自觉行动、团队的文化氛围。因此也就要求部处长首先要为人正直,决策能力和协调能力强,对人真诚,还要做信任、大度、宽容的典范。副职也要摆正位置,顾全大局,在工作上敢于负责,具备同分管工作相适应的业务专长和管理能力。而作为机关管理服务部门的工作人员都要多学习,遇人学习,遇事学习,及时总结经验,坚持能做到的,要尽善尽美;做不到的,要尽心尽力;合理的,要马上解决;不合理的,要耐心解释。

(2) 健全有效的制度约束机制。俗话说:"国有国法,家有家规。"一个团队必须有人人遵守的、公平的、完善的工作准则和规章制度,它不仅能规范团队成员的行为,而且能充分调动和发挥团队成员的积极性,因此制度是团队建设的基本保证。用制度来约束人,让管理人员一言一行有法可依,有据可考,也可以让管理者从烦琐的管理中解放出来。

(3) 掌握好领导艺术。作为部门领导,首先,既要学会"抓大放小",又要善于"抓大放小",要看其主流,不要纠缠细枝末节。若总盯着"小节"不放,就会整天陷入事务之中。可以说"抓大放小"既是领导方法,又是领导艺术。其次,要在工作指导基础上充分授权,使部门人员达成工作默契,"心有灵犀一点通"。还要消除不必要的工作界限,培养部门整体配合的协作精神,形成"分工不分家""互相支持和帮助"的工作习惯。要相信尊重成员个体,让每位成员都能拥有自我发挥的空间,树立共同愿景,共创未来。再次,要注重发挥老同志的基石作用,实现以老带新。老员工比较了解部门的管理规范、工作流程,有时候,老员工资深的经验、独到的见解会很好地推动部门发展。最后,要学会通过积极引导、树立标杆,来影响部门成员自愿做出行为的改变,营造团结干事的工作氛围。

（二）发挥党建引领作用

习近平总书记指出"机关党的建设是机关建设的根本保证"。学校机关党建作为学校党建的重要组成部分，亦应做到"走在前，作表率"，切实发挥示范引领和带动作用。

（1）坚持把坚定正确的政治方向放在党支部建设的首位。坚持用党章党规规范党组织和党员行为，用习近平新时代中国特色社会主义思想武装头脑、指导实践、推动工作，宣传执行党的路线方针政策和上级党组织的决议，不断增强"四个意识"，坚定"四个自信"，做到"两个维护"，深刻领悟"两个确立"的重大意义，使党员在思想上政治上行动上同以习近平同志为核心的党中央保持高度一致，坚定不移维护党中央权威和党中央的集中统一领导。

（2）有效提升党支部组织力。坚持以提升组织力为重点，突出政治功能，把党支部建设成为宣传党的主张、贯彻党的决定、领导基层治理、团结动员群众、推动学校改革发展的坚强战斗堡垒；坚持党要管党、全面从严治党，把党支部建设摆在学校党建工作更加突出的位置，推动全面从严治党向基层延伸，充分落实党支部教育党员、管理党员、监督党员和组织群众、宣传群众、凝聚群众、服务群众的职责；坚持围绕中心、服务大局，充分发挥积极性主动性创造性，确保党的路线方针政策和决策部署贯彻落实，为加快建设世界一流大学提供坚强组织保证。

（3）做好党员教育管理监督工作。目前机关党支部书记一般由机关部处长担任，机关党支部在引领带动党内外教职工投入中心工作方面动员力强、影响面大，党支部要在机关党委的统筹领导下，充分发挥示范引领作用，坚持和运用好"三会一课"制度，突出政治学习教育和党性锻炼，强化机关党建工作，不断提升学校基层党支部建设的规范化、科学化、制度化水平。坚定理想信念教育，突出党的基本理论、基本政策、基本方略及党务工作基本要求，党的优良传统和作风，党规党纪等内容。扎实开展发展党员、党员培训、党籍管理、党费收缴、党员激励关怀帮扶等工作，坚持把纪律和规矩挺在前面，加强教育引导，充分发挥管理岗位党员爱岗敬业、管理育人、服务育人的表率作用。

（4）严格执行党的组织生活制度。提高组织生活制度化、规范化水平，确保党员参加多形式、多层次、经常性的党内活动。精心设计组织生活的主题和内容，紧密围绕学校和本单位、本部门中心工作，切合不同职务、不同岗位党员的思想和工作实际开展党支部活动。在抓好党员理论学习的同时，重点围绕转变机关工作作风、改进管理服务工作、提升素质能力等开展活动。党支部每年年初制定年度计划并报上级党组织备案，严格考勤和缺勤补学等制度，如实记录组织生活开展情况，做到有主题、有讨论、有共识、有行动。要以领导班子民主生活会和党员组织生活会为载体，深入查找班子成员在作风建设方面存在的突出问题，限期整改落实，促进重点工作高效完成。

（5）建立健全党支部考核评价制度。学校把抓党支部建设情况列入基层党委书记抓基层党建工作述职评议考核的重要内容，作为评判其履行管党治党政治责任情况的重要依据。每年年底党支部书记也要向上级党组织和党支部党员大会述职，接受评议考核，考核结果作为评先评优、选拔使用的重要依据。对抓党支部建设不力、各项工作不落实的，机关党委、组织部门对其进行约谈；对党支部建设出现严重问题、师生群众反映强烈的，按照规定严肃问责。

（三）以内建调动积极性

（1）要在克服内耗、提高效率上作表率。机关部门往往面临纵横交错的各种关系,比如机关与院系、机关各部门之间、机关与校外等,部处长要正确处理协调各种关系,为下级创造宜于开展工作的环境,增强团队意识,发挥整体功能;要严肃纪律,加强部门之间、上下级关系的协调,形成合力;要重视集中统一,确保政令畅通,事事有交代,件件有落实,加强催办、查办和信息反馈,提高工作效率;要关心机关人员的切身利益,充分调动积极性,激发工作热情。

(2) 加强内部管理干部储备。通过建立内部管理干部培养制度,对部门员工进行有针对性的人力资源开发,使优秀员工在实际工作锻炼中快速成长。其中内部培养主要是建立内部晋升机制和工作内容设计两个方面,内部晋升是指把组织发展形成的岗位空缺留给内部,使员工与部门共同发展,增加员工尤其是优秀员工对部门的忠诚度。工作内容设计主要是针对本部门人员的不同特征和岗位的不同要求,规划有针对性的工作内容,进行持续的跟踪考核,根据考核结果对工作内容进行调整。

警惕"一言堂"

作为各部门议事决策的重要形式,"会议"存在于我们工作的方方面面。然而,在实际工作中,个别部门负责人习惯用"一把手"话语权代替群策群力。议事决策时,经常违反议事规则,不能做到集思广益。在遇到部门有关重大决定出现分歧时,往往听不进班子其他成员的意见,自己拍板说了算。涉及"三重一大"的事项经常绕开部门班子其他成员,自行决定。部门工作会议制度形同虚设。

分析与启示

"一言堂"现象表面上看是一些部门负责人的"领导魅力",其实是他们过高地估计了自己的认识和能力。虽然"一言堂"有时候也能办成一点事,甚至有人美其名曰"力排众议""精明决策",但由于排斥了集体的智慧,给学校的事业发展带来的更多是大大小小的失误。事例反映出部门负责人缺乏政治意识,忘记了会议民主决策的根本。部门内部管理不严格,权力监督机制不健全,导致部门负责人个人凌驾于组织之上,集体领导变为个人领导。部门负责人要认识到"一言堂"的危害,在议事决策中,按照集体领导、民主集中、个别酝酿、会议决定的程序平等议事,发挥好集体智慧和力量。破除"一言堂"的危害,不仅要建立健全"副职分管、正职监管、集体领导、民主决策"的权力运行机制,还要创造条件、拓宽渠道方便师生监督,把权力运行置于监督之下,提高部门团队战斗力。

三、作风建设

深化机关作风建设是学校党委的一项重要决策,是学校机关开展"不忘初心、牢记使命"主题教育的重要抓手,是落实中央"解决形式主义突出问题为基层减负"的重要载体。这一实践的背后也是管理机制的改变,必然会对学校流程变革产生重大影响。机关作风转变真正考验的是学校整体的管理理念和管理水平,实施作风转变的根本在于,着眼于师生的需求,从优化管理流程,提高服务质量等维度不断加强机关作风建设,重点推进"一网通办""一网统管",形成良性的数据管理和循环利用机制,推动问题在一线解决、工作在一线落实、作风在一线提升。

目前学校机关作风主要存在的问题有:服务意识不够,迈不开腿,沉不下心,不会换位思考;对工作的指导不深入,推动落实不够有力,推一推动一动,"说过就算做过";信息不对称,信息传递不到位;校区间管理服务水平存在差距等。这些问题的存在,需要机关所有部门统一思想,提高站位,协同作战,攻坚克难,以刀刃向内的改革创新精神,不断强化服务意识,改进服务态度,创新服务手段。

(一)管理服务"不断岗"

紧密结合"不忘初心、牢记使命"主题教育要求,通过开展"服务师生我创优"实践教育,落实"首问负责制""限时办结制""AB角工作制""收件回执制""挂牌服务制""服务评价制"六项制度,强化机关服务理念,创新服务手段,切实提高服务师生的专业化水平,为师生解决实际问题,提高师生员工的认同感,将服务师生落实到改进工作作风、提升工作效能的实际行动中。

(1) 首问责任制度。指当事人到机关办事或向机关打电话(含举报、投诉、咨询、查询等),接受询问的首位机关工作人员必须负责解答或移交具体经办人办理的制度。它也是针对师生对机关内设机构职责分工和办事程序不了解、不熟悉的实际问题,而采取的一项便民工作制度。该制度要求首问责任人对师生提出的问题或要求,无论是否是自己职责(权)范围内的事,都要给师生一个满意的答复。

对职责(权)范围内的事,若手续完备,首问责任人要在规定的时限内予以办结;若手续不完备,应一次性告之承办部门的全部办理要求和所需的文书材料,不要让师生多跑或白跑。对非职责(权)范围内的事,也要热情接待,并根据来访事由,负责引导到相应部门,方便、快捷地找到经办人员并及时办事。如需较长时间办理的事项,应负责提醒分管人向服务对象说明完成期限,并阶段性地向服务对象反馈处理结果。如遇紧急事项无法与分管人、分管领导取得联系时,应立即逐级向上级领导汇报,并由上级领导决定处理方式,事后要与服务对象确认或询问分管人事项处理情况。对属于业务不明确或不清楚具体办理部门的事项,必须首先受理,不得推诿、拒绝,要及时联系,帮助落实承办部门,或由首问责任人所在部门负责与相关部门协商解决。

首问责任制要求全体机关工作人员必须明确自己的岗位职责,了解各部门的业务分工;强化职业道德意识,树立为员工群众服务的思想;加强业务学习,提高工作能力和业务知识水平。对不遵守首问责任制，以及造成不良影响的人员，要给予问责。

（2）限时办结制度。指按照规定的时间、程序和要求处理行政事项的制度。遵循准时、规范、高效、负责的原则。限时办结制中，各类需经审批、核准、备案的事务，手续完备且内容符合法律、法规及有关规定的，各承办单位和部门应在规定的时限内办结承办事项。限时办结责任人为承办具体事务的相关接办人员。

严格履行限时办结制度。只要手续齐全，应即时办理。若手续不全，要一次性告知全部事项和所需的有关材料，让其补齐手续后，尽快给予办理。对需与相关职能部门协调解决的政策及业务问题，有明确时限的须在该时限内办结，无明确时限的须积极主动地做好协调工作。对于确有特殊情况需要特事特办的，接办人员应该在请示相关领导同意的情况下，尽力做到在其请求的时限内办理。

健全制度持之以恒。在某项具体工作、某个特定时段做到"限时办结"并不难，难的是一以贯之、持之以恒，时时、处处、事事都能做到"限时办结"；在一个部门做到"限时办结"并不难，难的是如何使"限时办结"成为无盲区、无死角的普遍现象。反观一些部门之所以没能做到"限时办结"，一个重要原因就是缺乏相应的制度机制。因为没有用制度明权确责，所以就给推诿扯皮留下了空间。让"限时办结"形成风气、形成习惯、形成规矩，就必须建立健全相应的制度，通过刚性的制度，明确不同部门、岗位的职责，量化细化任务，提出标准要求，列出进度时限，保证工作有机衔接、顺畅高效。

（3）AB角工作制度。指在机关管理工作中，综合服务窗口须设置岗位AB角，以便及时办理一般性事务和紧急公务，保证岗位人员不间断，及时为师生服务。

AB角工作制，首先要求部门对相关业务工作进行科学划分与分工，明确各项业务的 A、B 角：A 角为主办人，对某项工作主要负责，B 角为协办人。AB 角都要努力加强业务知识的学习，能独立开展工作，同时工作中又要强调互相配合，相互熟悉对方办理的业务，在必要时相互补位，相辅相成，形成良性协同。

在具体工作中，A 角负责处理分管岗位工作，并将有关工作告知 B 角。A 角因事离岗前，要主动通知 B 角接替，并当面交代好工作，B 角应尽快熟悉 A 角的工作内容，并在其离岗期间代为行使岗位职责，保证来件有人办，来访有人接，不得以经办人不在为由，拒绝为服务对象提供咨询受理服务，要保证业务的衔接。待 A 角返岗后，B 角要主动汇报工作，把有关材料及时移交。遇有急事或重要工作时，AB 角协同处理。

（4）收件回执制度。该制度主要是为了进一步增强工作人员责任意识、服务意识和依法治校意识，提高办事效率和服务水平。对申请人要求办理的事项，涉及部分线下办理业务的、经审查符合办理条件而准予受理的（除当场办结外），需要出具标准的书面受理回执单，记录事项的主要内容，便于后续跟踪管理。

在具体工作中，窗口工作人员在申请人申请办理审批许可事项时，能当场办理的予以及时办结；不能当场办结的，要向申请人发放书面受理回执单，注明收件时间、数量、受理时间、承诺时限和查询电话，并一次性告知所需补充的材料。办结后，由申请人在收件回执存根上对窗口单位办理情况作出评价，作为申请人监督窗口人员是否正确履行职责或进行投诉的依据。

（5）挂牌服务制度。主要指机关部门，特别是窗口服务单位要采取桌签、佩牌、公示牌等形式，公开人员信息和身份标识，更好地为师生提供服务。

挂牌服务制度，就是采取信息公开的方式，对工作人员在岗时间以及工作职责进行明确,同时也公开接受师生的监督。实施该制度,就是规定工作人员在上岗时间内,不能随意离开。工作中应主动处理师生的服务诉求,正确对其加以指导,主动提供咨询服务。

(6)服务评价制度。指机关部门要主动接受广大师生对服务态度和服务质量的评价,收到投诉建议要调查研究,提出处理意见,并及时答复。

真正让师生群众满意是所有工作的出发点和落脚点,推行服务评价制度就是为了进一步提高师生满意度,优化机关工作环境,破解"办事难"问题。机关部门可以通过网上评价、意见征集、座谈调研等多种方式,由办事师生群众对机关工作人员的服务态度、服务质量和服务效率进行总体评价,用以收集校情民意、规范工作流程、改进工作方式、提升工作效能。

(二)完善沟通反馈体系

管理沟通作为组织的枢纽,起着把各种要素紧密连接起来的作用,对于提高组织效率、确保组织有序运行具有重要的影响。它也是协调组织系统、缓解组织矛盾、解决组织冲突的必要手段。因此要根据管理过程中不断出现的新问题,针对重点环节,立足学校教学科研和学生管理工作,建立科学合理、务实高效的反馈制度,以制度的方式规范行政管理工作的各项反馈规程。

在机关管理工作中,管理沟通常见问题主要有:一是沟通主体间互动性不够,信息在由发出者到接受者的过程中,上情无法下达,下情无法上传。在工作中常会碰到这样的情况,院系部分信息不能及时准确地反映到机关部处办公室,机关部处的信息也不能顺利全面地传达给院系。二是沟通手段比较单一,一般采用会议和文件传达两种方式,很多时候又以会议方式为主。这种单一的信息传递方式有时会影响工作效果。近年来,信息化建设使这种局面有所改观,但由于各种原因,其总体效用还没得到很好发挥。三是部门之间权责差异也制约了沟通的时效性。"事情怎么会这样?为什么不早说?"这样的情况在机关部门管理中屡见不鲜。由于事前没有主动联系,任由问题扩大,导致紧急补救,这都是缺乏主动、持续、有效沟通的结果。

(1) 拓展师生反馈渠道。机关部门负责人,同时也是具体工作的推动者,更是信息上传下达、信息反馈的关键人,如果只重视领导布置的工作,忽视师生的意见和诉求,或视而不见,势必产生沟通有效性不足的问题。因此要实现管理理念转变和管理能力的普遍提高,只有树立全局意识和为教学科研服务意识,改变狭隘的行政权力至上观和领导意见至上观,才能切实提高管理水平。同时,要不断拓展工作视野,采取多种措施拓展信息反馈渠道,充分利用日常工作交往渠道收集信息,准确、迅捷地获取信息,实现行政管理各个层级间的及时交流。

(2) 健全执行反馈机制。在决策执行过程中,执行的状况与遇到的问题,有很多是无法预知的。一个决策的执行是否偏离了原决策的目标,必须有迅速而准确的信息反馈,及时根据反馈信息做出应急反应,进行合理修正,以确保决策目标最终实现。为了及时检验决策是否正确,管理者也要准确及时地掌握反馈信息,把具体决策执行的效果和遇到的问题迅速报告给决策层,确保正确的决策得到切实贯彻落实,错误的决策得到及时纠正。通过"决策—执行—反馈—修正—再反馈"机制,不断纠正错误、完善决策,最终实现预期目标。

(3) 重视过程控制监督。在决策执行层,应健全鼓励一线师生参与管理并反馈信息的相关制度,以保障信息沟通顺畅、师生积极参与。还应建立并落实决策与管理信息公开、公示制度,让广大师生及时了解学校的基本工作情况。同时要完善自身的行政管理问责制度,努力做到权责明确,以制度的强制方式保证管理效果,从而重视管理过程中的信息反馈,以保障管理目标的有效达成。

(三)强化信息公开机制

信息公开作为一种向社会公众或依申请而向特定个人或组织公开信息的制度,目前已成为保障师生知情权、推进依法治校的重要举措。经过不断探索和完善,机关部门信息公开工作水平和质量显著提高,为推进学校内涵建设发挥了重要作用。但是,与现阶段发展要求相比,信息公开工作尚存在很多需要不断完善的地方。在当前加快构建现代大学制度的关键时期,加强和完善信息公开工作的重要性和紧迫性更加凸显。

目前信息公开存在的短板有:一是对于信息公开停留在被动执行上级要求的层面,对于信息公开的重要性认识不足,信息公开主动意识、服务意识不强。二是信息公开工作职责划分不清,有些部门片面认为信息公开是学校办公室的事情,与部门和学院关系不大,甚至存在消极抵触情绪,在工作中往往导致提供信息数据滞后、公开内容质量不高等问题。三是信息公开制度体系不完善,有些规定相对宽泛和宏观,原则性要求较多,不够具体明确。四是信息公开方式单一,目前信息公开途径主要是学校网站和校内办公系统,通过微信、手机报等新媒体形式进行信息公开的相对较少,基本没有设立新闻发布会制度,这也反映出对于重大敏感信息的公开途径不健全。

(1)不断完善信息公开制度体系。信息公开工作不仅是加强依法治校、推进现代大学制度建设的重要途径,也是一所大学的社会责任和义务。随着学校改革建设的不断发展,信息公开必将作为监督学校办学质量的重要手段。要完善学校层面信息公开工作的具体制度办法,比如信息公开细则、信息公开指南、信息公开目录等,以便信息公开时有明确的标准和依据,也更具操作性和规范性。此外,可以参考国外一流高校或国内高水平大学的经验做法,在工作中大胆创新,完善工作制度体系,形成工作特色和优势。

(2) 做好信息公开工作的监督。一是要接受上级部门对学校的监督,也可以聘请第三方机构对信息公开工作质量进行评估,同时还要做好对各二级单位和院系的监督。二是随着管理重心下移,院系的招生、人事、财务自主权不断扩大,相应的信息公开责任也越来越大,学校也要做好对院系信息公开工作的指导和监督,让院系发挥好其信息公开的主体责任。三是社会公众和校内师生要对信息公开做好监督,信息公开的最终目的在于服务社会和师生,因此师生员工要提升自己的权利意识,切实担负起监督责任,促进信息公开工作的有效开展。

(3) 做好科学评价信息公开质量效果。科学的评价是引导信息公开工作健康发展的重要机制。对信息公开效果进行研究与评价,以便更好地形成信息公开工作导向,推动信息公开工作更加精准地服务学校发展需求。

(4) 处理好信息公开工作中的几个关系。一要处理好主动公开与依申请公开的关系。主动公开与依申请公开是信息公开的两种主要形式。主动公开类信息,应该是结合上级要求,凝练最能准确反映学校办学情况、办学质量,社会公众最急需、最关注的信息。而依申请公开主要是方便师生了解情况,以及保障社会公众对办学信息的知情权而进行的。二者各有侧重、相互补充,是信息公开不可分割的两个部分。二要处理好保障社会知情权和维护学校信息安全的关系。社会公众依法享有了解学校各类办学信息的权利,学校向社会公布各类招生、财务,以及办学质量等信息,让社会更好地监督学校办学运行,有利于提高办学质量。同时要掌握好信息公开的"度"。学校信息公开牵头部门及配合部门,在依法依规做好各类信息公开公布的同时,要做好对信息的研判和处理,不能简单地把工作中的数据表格复制粘贴后就向社会公布,特别要注重做好涉及师生个人隐私信息的保护,严格按程序进行保密审查,坚决杜绝泄密事件的发生。三要处理好牵头部门与各职能部门的关系。信息公开工作一般都归口到学校办公室牵头管理,但是在实际工作中,信息公开内容往往涉及招生、人事、财务、资产、教学等各个业务领域,有些数据具有很强的政策性和专业性,需要各职能部门进行协同配合,在学校办公室与职能部门之间应建立行之有效的工作机制。一般而言,学校办公室的角色应该是信息公开的牵头部门,即按照上级信息公开的要求和学校需要,进行牵头组织,对各职能部门的公开工作进行指导监督,保障各类信息能够及时、准确、有效地公布。而职能部门是各自业务领域信息公开的工作主体,要按照相关要求做好本业务领域的信息公开工作,并对信息的真实性、准确性、规范性负责。

莫当文件"二传手"

某部门接到上级有关政策文件,要求落实某项工作。该部门未消化吸收有关具体要求及工作任务,便直接"顺水推舟"地转发下去,要求二级单位自己领会去报送。结果不仅造成二级单位一头雾水,弄不清楚要做什么,还增加了额外负担,同时也消解了工作任务的重要性和严肃性。

分析与启示

上级出台政策文件,目的是为基层提供指导性的行动纲领。收到文件的相应部门,应对照文件政策精神,结合部门实际抓好贯彻落实。案例中的部门没有认真对待上级要求,没有吃透文件精神,更没有结合工作实际分析落实对策建议,反映出该部门缺乏政治立场和群众立场,工作浮于表面。如果部门只当"二传手",文件照抄照转,不提一点具体指导意见,二级单位在抓落实上就会缺乏针对性,在实效上就会打折扣。在推动落实上级各项文件上,部门负责人要有想抓落实的自觉、敢抓落实的担当、会抓落实的能力。对上级文件要结合实际、加强调研,把上级文件精神和基层实际情况结合起来,制定可操作性强的文件,经集体审议、反复修改后再印发给基层。只有这样,上级的决策部署才不会沦为一纸空文。

四、工作效能

机关管理服务工作"提质增效",不仅是建设高水平高素质机关管理服务的基础性工作,更是加快推进学校"双一流"建设的深入实践,是学校党委的重要决策。机关各部门要充分认识深入推进机关作风建设、大力提升机关效能工作的重大意义,统一思想,提高站位,协同作战。机关部处长更要对本部门效能改革负总责,做到改革工作亲自部署、重要方案亲自把关,切实推动改革落地。

目前机关效能建设方面存在的问题主要有:一是基础管理规范方面。有的部门管理制度不规范,师生办事没有制度可依,或制度弹性比较大;有的基础管理制度较为复杂,对基层指导不够;部分部门管理制度不方便获取,或更新不及时;办事流程没有统一指导。二是工作效率方面。"一次办结"依然存在困难,一些工作审批程序不够优化简便;有的审批事项申请材料过于冗繁;职能部门间相互协调不够,信息往往不能共享互通;一些工作推动落实不够有力。三是服务能力方面。责任担当精神不够,有的工作人员不积极主动,有互相推诿的情况存在;有的工作人员对具体情况不进行认真分析调研,回复比较简单随意;部门工作安排不够严谨周密。四是跨部门、跨校区办事方面。随着学校事业发展,跨部门、跨校区工作逐渐增多,虽然可以通过梳理机关职能、增强主动协调等举措来改善师生跨部门和跨校区办事体验,但是一些工作还存在难点、瓶颈,协调不畅,有的边界地带工作人员往往相互推诿、

"踢皮球",有的问题长时间得不到解决,不同部门政策口径也存在不一致。五是信息化手段运用方面。"互联网+"政务服务是未来的发展方向,需要进一步加强信息化建设。eHall办事大厅功能还需要进一步完善,要努力实现线上审批功能,提高办事效率,拓展自助服务机可提供的服务内容。

就以上问题,需要进一步提高机关工作效能,改进管理模式、工作方式的制度安排和设计,真正做到想师生所想、急师生所急。

(一)明晰权责利事务边界

机关管理系统是由多个不同部门组成的,每一个部门都应该有其专门的功能,而协调不同部门的功能就是机关行政管理的主要内容之一,同时机关部门也是协调行政权力和学术权力的重要纽带,具体来说就是协调领导和科研人员、教师、学生之间的关系,协调部门和功能之间的关系。不同部门在功能上的重叠,会导致处理事务出现问题问责时,部门间相互推卸的情况。

俗话说得好:"在其位,谋其政;任其职,尽其责。"遇到事情"推诿扯皮",相信再美的发展蓝图,也形同虚设,难以绘就。只有把责任挺在前头,让各职能部门的责任更加明晰,才能使落实工作责任的措施更加具体。

(1)做细规章制度。规范部门运行规则,明确部门责任,用制度管人,用流程管事。

(2)明确责任清单。各职能部门根据相关规章制度的责任要求,制定部门岗位职责,并细化责任清单,责任分类越细越好,尽量避免职能部门责任交叉或者错位。必要时各职能部门的领导干部要签订责任书,明确领导干部职能职责。

(3)强化担当意识。机关管理人员要有担当意识,认真研读责任制相关文件精神,确保自己能时刻明晰自身责任,积极开展工作。只有部门和功能准确对应在一起,在处理事务时,各个部门才能做到权责分明,不会出现问责无门的状况。

(二) 构建科学的管理机制

国外高校不论是采取校、院两级管理,还是实行校、院、系三个层次管理,都显现了权力重心下移的层级治理特点。

美国高校一般采取校、院、系三级管理方式,学术行政两权分开,相辅相成。院长权力由校长授予,但校长不直接干预院长工作。系一般以学科和专业为基础,设有教授会,负责系内所有与学术有关的事务。在英国高校内部治理结构中,学校普遍实行学院制,各独立学院之间实行校—学院双层级治理。系是大学内部治理结构的第一级,系也代表着学科,系主任在系里享有最高权力;学院是组织结构中的第二级,一般设有学院委员会,包括全体教授、非教授系主任和高级讲师;大学是高校内部结构的第三级,包括校务委员会、董事会、评议会和代理校长。日本高校组织机构分为大学、学部、讲座三级。大学级是高校内部治理的核心,包括役员会、经营协议会、教育研究评议、校长选考委员会等机构;学部级相当于我国学院的层次,学部下设事务室;讲座级相当于我国的教研室,可行使权利自主决策其内部事务。

各国对学术权力和行政权力侧重不一,但学术权力和行政权力在国外高校都占有一定比重。美国高校的董事会从总体上监管学校的运作,学术委员会的职责主要覆盖全校的学术事务,负责审议学术事务与提供学校发展的建议。在英国与日本的高校内部治理架构中,理事会是学校的最高决策机构,对事关大学发展的事项作出决策。学术委员会负责学术性事务,并对理事会和校长负责,学术权力和行政权力在国外高校都拥有相应的地位。

另外,国外高校通过特定管理机构进行治理协调,校内外人士有权共同参与大学工作的管理。美国高校内部治理主要通过实体管理机构和会议管理机构对内部各种关系进行治理协调。大学校长等管理人员、教职员负责重要事务的决策及履行董事会的决议和平衡各方面的利益关系。除董事会外,高校还设置学术委员会、大学咨询委员会、教授理事会和以校长为首的行政管理部门等机构,合理划分权责。英国和日本最主要的是通过各类委员会和相关领导身兼数职的方式进行治理,通过理事会中的成员进行协调,或者通过控制管理机构的成员组成,来沟通、协调、经营审议会和教育研究审议会两个管理机构。

中国高校内部实行党委领导下的校长负责制,该模式可避免因单纯进行党委领导或校长负责制而出现的弊端,是高校保持稳定发展的保证。党委领导下的校长负责制包括党委领导、校长负责、教授治学、学术自由和制度保证五个要素,这五个要素是大学内部治理结构的基本内涵,它们之间相互联系、密切配合。治理主体是从事决策和管理等活动的人和组织结构,治理结构的主体包括党的基层组织、行政组织、群众组织、学术组织和师生群体,各个主体在学校的职能分工明确,各司其职,对学校治理都具有重要责任和权利。

(三) 向管理服务要"效益"

(1) 深入开展深层次、多渠道的调研。一方面,各部门要以座谈会、开展问卷调研等形式,深入倾听广大师生和各基层院系的意见建议,了解与师生办事关系最密切的重点领域和重点工作,聚焦师生反映较为突出的办事难、办事慢、多头跑、来回跑等问题,真正找准影响本部门工作效能的"堵点""痛点"问题,讨论和制定切实有效的举措。另一方面,各部门要以支部生活会、部门会议的形式,就如何深化作风建设和提升效能开展专题研讨,针对师生反映突出的问题不断优化完善,真正方便师生、院系办事,让大家有更多的获得感。

(2)以制度设计保证管理服务质量提升。机关一直倡导"首问责任制""限时办结制""AB角工作制"等服务要求,并要求各部门细化落实内容,在部门内部形成固定的工作制度。比如,在落实"首问负责制"方面,明确要求首位接到咨询电话的工作人员负责详细解答问题,如果不能马上答复,应记下联系电话,了解清楚后尽快答复,不能简单推给另一个部门或科室。在落实"限时办结制"方面,机关部门尤其是窗口单位,明确承诺不同事项的办理时限,全程跟踪催办,确保在时限内办结等。在落实"AB角工作制"方面,明确每个岗位职责的A角和B角,避免发生缺位、空岗现象。

(3)坚持流程优化。树立"全校一盘棋"思想,注重机关管理和服务的系统性与整体性,提升协同服务能力和综合管理水平。近年来,机关一直在深入推进审批服务标准化建设,实行"三清单、一目录"管理,具体就是实行审批清单、备案清单、服务清单和公共数据库表目录管理。通过标准化管理的刚性效应,约束行政审批自由裁量权,解决制度在执行环节变形走样的弊端,特别是针对审批环节标准不一、运作不透明等问题,运用标准化理念,对行政审批的办理和监管过程进行科学分解和合理配置,对流程进行改造、优化和固化,实现权力规范透明高效运行。

(4)构建服务综合体系。主要实行审批服务"一网通办、一次办结"工作改革,进一步精简办事流程,精简审批事项,推进公共数据集中统一管理。重点是推动"一网通办"工作改革,这也是学校近年来深化机关作风建设，提升机关效能的一项关键工作。所谓"一网通办"，就是要把管理服务数据归集到一个网络平台上，实现师生只要进一个门户网站，就能办成不同部门的事项，解决"办不完的手续、盖不完的章、跑不完的路"等麻烦，拓展网上办事事项的广度和深度，从而依托"一网通办"基础平台建设，推动更多服务事项"一次办结"。

（5）构建"智慧校园数据云"。坚持"以共享为原则，不共享为例外"，加快建设"智慧校园数据云"平台，统一顶层设计、统一数据标准、统一数据接口，规范各部门数据共享的标准、范围、流程。整合各部门分散独立的数据，统一接入复旦大学"智慧校园数据云"平台，实现全校管理服务数据100%集中管理、集成共享，实现数据共享交换，并建立数据质量管理机制，及时处理数据质量问题，确保安全责任落实到位。

（6）创新服务模式。管理服务的"提质增效"，本质上就是创新，创新的过程既不能墨守成规，也要立足原有基础。完成管理流程重塑的"必答题"，更要运用创新的思路和办法，做好更多"自选题"，在管理服务中出实招、新招、亮招，运用好智能化管理服务手段，加快优化升级移动终端（手机）服务，简化审批处理环节，解决网上办事过程中的难题，不断提升师生服务体验。

（7）加强管理队伍教育培养。适应学校"双一流"建设要求，针对机关效能提升的需要和发展需求，不断加强对机关管理人员的岗位培训、骨干培养环节，加强政治素养、职业道德、岗位技能、行政能力等方面的培训，构建全覆盖、分层次、递进式的培训体系，加强机关干部赴境外学习交流，不断提高机关干部的思想政治素质和业务能力。关心关爱干部成长和发展，推动轮岗交流，拓宽发展途径，在动态的稳定中发挥干部的整体效能，解决机关干部关心的实际问题,提升广大机关干部在工作中的获得感。提高服务意识,机关是对外服务的窗口,机关的干部要牢固树立服务意识,把全心全意为师生服务作为根本宗旨,从服务学校发展角度出发,换位思考、端正态度、强化服务意识、转变工作作风,不断提升服务质量。通过争创"党员示范岗""党员先锋岗",评选"服务明星"等活动,发挥党员先进性和业务骨干的模范带头作用,引领机关工作人员以良好的精神风貌,全心全意做好服务工作。

(四) 推动"一网通办"服务

(1) 推动线上服务"一网通办"。拓展网上办事事项的广度和深度,进一步梳理网上服务事项,凡与师生教学、科研、生活密切相关的行政服务事项"应上尽上"。推动更多行政服务事项网上办理,实现行政服务事项网上查询、网上申报、网上审核、网上反馈全流程服务,整合各部门分散的行政服务资源,实行全校线上服务统一身份认证,统一服务入口,提供网上"一站式"服务。

(2) 推进服务事项"一次办结"。依托"一网通办"基础平台建设,按照一次申请、并行办理、限时办结、统一答复的要求,推动部门后台业务流程全面革新和整合再造,逐步实现师生办事只需要递交一次材料即可"一次办结"。

避免工作中的相互推诿

某博士生获得国家留学基金委资助,准备出国访学。由于留学手续办理不顺,未能赶上国外学校的注册时间。为了保留学籍,该博士生按照相关要求先完成了国内学校报到注册手续,并缴纳了学费。对于联合培养的学生是否需要缴纳

> 国内学费事宜,该博士生咨询了多个部门,这些部门均表示不清楚,或推诿至其他部门,直到离校,该博士生仍没有得到明确答复。

分析与启示

在日常工作中,我们常常会碰到一些新情况,无法明确是哪个部门负责,但的确又是师生急需解决的问题。面对可能涉及多个部门的问题,特别容易出现互相推诿的现象。案例中的博士生咨询多个部门仍解决不了有关疑问,反映了高校行政管理部门工作人员缺乏责任意识,服务意识不强,工作效率低下。机关管理工作是错综交织的,需要不同单位相互协作、相互监督才能有条不紊地保证正常的运作。如果内部协作不够顺畅,中间有隔膜,那么势必影响整体行政管理,最终导致机关管理效能也大打折扣。遇到新问题,各部门要有主动承担责任的意识,做好补台,相互配合,做到不推诿不扯皮。要从师生角度出发,从服务学校发展角度出发,换位思考,端正态度,强化服务意识,提升服务效能。

五、激励机制

学校"双一流"建设,发展的最大动力就是人才,在推进学校改革发展的过程当中,主力军也是人才。规范的人事管理制度、合理的激励机制有利于提高单位整体的工作效率。如何建立起更加高效的管理人员激励机制,调动相关工作人员的积极性和主动性并激发工作士气,从而更加有效地履行相应的工作职责,这是学校人事制度改革的建设重点,也是学校人力资源管理的重要基础。优化激励机制,有利于给管理人员营造更加公平公正的工作环境,同时也是管理人员工作效率的保障。

机关管理人员在整体发展的过程当中,经常出现的问题就是管理力度跟不上发展需要,工作效率很难实现大幅度提高,主要表现为:一是评价考核制度不完善,制度执行"失灵"。激励机制重要的内容就是评价考核制度,对管理人员业绩进行评价的重要指标就是考核指标。从目前状况分析,与管理人员相匹配的考核指标不够完整,体系当中的考核指标和具体工作人员的实际情况关联性不强,不能对管理人员的整体业绩进行更加系统和客观的评价。二是考核模式过于单一,大多是主观判断,缺乏一定的公平性和公正性。三是竞争机制不完善,难以形成有力的激励效果,许多管理人员缺乏危机感,以至于在相关工作的落实过程中,削弱了工作的积极性和主动性,降低了服务整体水平。

（一）激励机制建设

（1）完善激励模式。"精神＋物质"的激励模式需要并重，并充分融合。要坚持以人为本，站在管理人员的角度去思考问题，站在多层面去考虑其实际需求，尽最大的努力调动管理人员的积极性和主动性，使其能够创造出更多的价值。

（2）建立完善的评价考核制度。从实际情况出发，将考核指标和具体工作充分地结合，优化评价考核制度，调整完善评价指标，切实发挥评价考核作用效力，保证管理人员的工作业绩能够得到更加真实的展现。规范评价考核工作，建立更加系统性和科学性的考核评价方式，细化考评细则，明确考评责任，加强对考评结果的反馈和实时记录。

（3）建立岗位竞争机制。坚持按岗聘任的原则，充分强调人员的综合素质和能力，保障职位晋升的公平性与合理性。通过建立岗位竞争机制，为管理人员营造更加公平公正的工作环境。

（二）善于因势利导

管理中既会碰到一些"称手"员工，也会碰到"不称手"员工。对于管理"不称手"的员工，身为部处长，不能凭自己的喜怒爱好对待他们，而是要善于发现他们的特长，掌握管理技巧，发挥其积极作用。

（1）提高管理技巧。人的性格、气质多种多样，有的人富有激情，健谈而热烈；有的人多具理智，风趣而机敏；有的人性格内向，寡言而慎行。因此，在管理的过程中，部处长们要善于发现其特点，因势利导，加强沟通交流，并为他们创造发展条件，让其充分发挥才能。同时对于管理者而言，顾全大局，求大同，存小异，尊重员工的选择是创造彼此间良好交往氛围的重要前提。但在员工行为快要越界时,正常的提醒告诫和要求也是必需的。

(2) 做到"人适其岗"。从管理的角度看,胜任工作且有能力完成任务,并不意味着就能高效地执行任务,这里有质量和效率的双重考虑。身为团队领导核心的部处长要对人员的岗位安排进行认真考虑,既要把合适的管理人员用到合适的岗位上,又要考虑培养与使用有机结合,形成"岗得其人""人适其岗"的良好局面。

打破"优秀"轮流坐庄

某部门员工考核评价制度中的考核指标设计简单,考核结果和行政管理人员具体的实际工作情况没有一定的关联性。涉及年底考核评价、绩效分配主要靠领导的印象或按资排辈、轮流坐庄,不能够对行政管理人员的整体业绩进行系统和客观的评价。

分析与启示

年终考核作为管理的重要手段,是部门按照一定标准、程序和方法对部门成员履行岗位职责、完成工作任务情况进行定性定量的事实评判和价值评判。案例中,部门考核结果与行政管理人员实际工作成效不一致,反映出内部管理考核激励制度设置不公平。这种流于形式的考核难以发挥本身的促进作用,反而让踏实做人、老实干事的人逐渐失去工作的积极性和主动性。打破"优秀"轮流当等论资排辈、平衡照顾的做法,就是要让考核等次真正体现部门成员的实绩。合理科学的绩效考评标准,需要通过研究分析各部门、科室、岗位工作特征，把显性的工作和隐性的付出因素转化成规范的考核办法和明晰的考核程序。同时，还需要建立有效的监督机制，发挥好考核的风向标作用，引导部门成员尽职、尽责、尽心、尽力。

六、创 新 发 展

近年来,创新已经成为国家发展的主旋律。创新发展是国家创新体系的重要组成部分,科教兴国和人才强国的主力军,必须将创新作为办学理念和发展驱动力,不断提升创新精神和创新能力,引领和带动社会经济文化的快速发展,营造服务于人类发展的大学创新文化。同时,创新发展也是学校自身发展的理性选择,"从世界范围来看,在国家战略产业发展中,大学历来起到非常重要的作用",综合性大学基础研究积淀深厚,科研更应聚焦变革性前沿技术以及大科学问题,在关键及核心技术领域不断发力。

学校的创新发展是系统工程,内涵丰富。在具体实践中,学校要根据特色和优势以学科为龙头,以人才为根本,围绕经济社会发展需要,用特色和优势服务国家战略需求,逐步探索出切实可行、行之有效的发展模式。在这种形势发展的迫切要求下,机关管理工作必须不断适应创新发展的要求,提高管理的创新能级,为学校事业的快速发展提供有力支持。

在目前的机关管理工作中,部分管理人员创新意识与动力不足,缺乏敢于担当的勇气,安于现状,不愿主动思考,习惯于被动应付,顺着惯性走,绕着矛盾走;服务手段、服务载体未能跟上形势发展要求等问题依然存在。如何进一步激发管理人员的创新意识、培养创新能力是当前机关面临的重要课题。

（一）要有时不我待的使命担当

面临新阶段、应对新挑战、体现新要求，关键要有新理念、新思路、新举措。当前推进学校事业改革的复杂性、敏感性、艰巨性，是客观存在的。但改革面临的矛盾越多、难度越大，越要坚定与时俱进、攻坚克难的信心与勇气，越要具备进取意识、进取精神、进取毅力，要以时不我待的历史使命感和舍我其谁的强烈责任感，发扬敢于啃硬骨头的精神，突破利益固化的藩篱。

作为学校行政管理的"中枢"，机关的行政管理人员更要有创造性思维能力和创新精神，解放思想，实事求是，敢为人先，开拓进取，善于在工作中打破条条框框，积极探索新思路，不断探求解决问题的新途径。在实际工作中，机关管理人员要能够及时准确地把握学校的发展机遇，对发展方向和趋势具有准确的判断力，善于主动谋划，充分发挥能动作用，协调好校内外、上下级以及各部门之间的关系，努力营造朝气蓬勃、积极进取的工作氛围。

（二）创新不能等同于"做加法"

学校要发展，行政管理必须改革与创新。行政管理的改革与创新既包括观念的创新、机制的创新，也包括内容和方式方法的改革创新。行政管理唯有改革，才能生存；唯有创新，才能发展。但是也要看到创新不是无源之水、无土之木，必须要有厚实的基础。管理工作的创新，既要具备科学的管理体制、规范化的管理工作标准，健全业务流程，提高制度执行力，规范工作纪律；还需要防止职能重复、避免资源浪费；要结合部门工作实际，加强协同配合，提高管理效率。

（三）在提高管理能力上下功夫

管理创新不仅要创新管理模式，还要培养管理人员的创新思维，力求在管理技能上实现自我提高。要加强对管理人员的指导培训，特别是针对管理方式、服务载体未能跟上形势发展要求，工作规范化水平不高，业务流程不清晰，制度执行不到位，工作纪律不规范等问题，要不断提高管理者的综合素质和创新能力。

目前管理工作人员的综合培训较少，大部分管理人员缺乏系统学习，特别是面对新的形势与要求，管理人员的水平提升存在短板。近两年来，机关党委相继开展机关骨干研修班、机关干部训练营等，目的就是进一步加强对机关管理工作者的全面培训，重点教育培养机关年轻干部提升综合能力，从而有效提高管理质量和效率。

同时，机关工作从真正意义上说就是要做到为师生服务、为学校发展服务。管理人员必须积极参与工作，要对自己有明确的定位，要在干中学、学中干，不断总结和积累，始终把自我提高的意识融入工作中。

（四）创新必须加强信息化建设

校园管理信息化能够带动校园整体管理水平的提升，将学校人力管理转变为信息管理，全方位提升学校整体行政管理水平。加快建设"智慧校园数据云"平台，规范各部门数据共享的标准、范围、流程，整合各部门分散独立的数据，实现数据共享交换。各部门管理服务数据要集中管理，推进数据资产化管理，建立数据质量管理机制，确保数据状态可感知、数据使用可追溯、安全责任可落实。

莫做机关井底之蛙

某高校行政管理部门人员安于现状,认为创新与自身关系不大,习惯于领导布置工作,被动地完成规定动作,满足于完成日常事务性工作,对于涉及部门改革发展的事项,不愿主动思考,领导不推就不动,创新意识与动力不足。

分析与启示

随着教育体制改革的不断深入,高校行政管理人员所面临的工作任务愈来愈繁重,除了日常的基本工作,还可能随时面临新问题新要求,这对高校行政管理人员提出了更高的挑战。案例中,行政管理部门人员在面对新情况和新问题时,缺乏创新的主动性,满足于老办法老经验,反映出其创新精神不足、责任感和使命感不强,表现在工作上则为思想僵化、因循守旧、墨守成规、不能跳出圈子看问题等。这样的行政管理方式,无论是在思想观念上还是实际行动上,都无法满足当前高校事业高质量发展的实际需求。应对学校事业发展新要求,要进一步提高管理人员的创新意识和创新能力。一方面,通过开展相应的学习培训,帮助管理人员开拓工作视野和思路;另一方面,进一步优化业务流程,提升行政管理信息化水平。

七、跨部门协作

跨部门的沟通协调,主要面对的是围绕学校党务、行政等工作所设置的工作部门,也包含面向各级单位党组织的工作内容。这些部门间的和谐相处、高效运行,对于学校整体科研、教学工作稳定发展有着重要作用。

(一)厘清部门边界不是"筑篱笆"

每个部门依照运行规律,都会有相应的制度和保障体系,会形成具有自身特色的职权边界。明确部门的权责义务,能够让部门运行在一个可控的范围内,让部门内外的师生员工更清晰地了解相关对口业务。但是,部门职权边界的梳理,有时会带来一些负面的影响。不能把梳理部门职权边界当作"筑篱笆",不能把精力用在如何让自己少做事、少做"错"事上,也不能把心思花在粉饰包装上。要避免出现"不粘锅"一样的推诿、大包大揽的"抢红利"等情况。

"不粘锅"指的是,遇到部门间需要相互支持、共同推进的工作,经常会以业务关联性不高、以往工作业务没有先例、协办部门不宜抢了主办部门风头、日常事务繁忙无法分身等理由,对工作推三阻四、作壁上观;或者不认真对待其他部门提出的需求,"以不变应万变",用部门工作总结应付各类工作材料提交要求。这样的做法,一方面,不能客观反映需求事实,另一方面,也导致部门间的关系产生不和谐因素,让工作效能受到影响。

"抢红利"指的是,部分部处长为了凸显部门在学校发展中的重要性,或者为个人发展积累资本,把部门和个人的利益凌驾于学校整体利益之上。在跨部门合作过程中,见到可以凸显成绩的工作抢着做,需要抓铁留痕的工作避之不及;短期见效的工作抢着上,涵育培养的长期项目懒得抓。这些问题的存在,都让部门间的合作出现了裂隙,也让干部自身的德行沾上了灰尘。这些干部的心中不是没有边界观念,而是相应的边界被人为地降低了高度。

解决"不粘锅""抢红利"问题,破解"筑篱笆"现象,重要的是要强化大局意识和看齐意识,要把"德才兼备、以德为先"的要求作为自身发展的标尺,要把民主评议的结果作为鞭策的动力,要跨前一步考虑问题。只有"正好衣冠"才能以上率下,凝聚部门合作共识,共同推进学校各项事业的健康发展。

(二) 用好校内各类委员会平台

为了促进学校各项事业的健康稳定发展,校内成立了很多的委员会平台和议事小组机构,将相关主题性的工作所涉及的部门整合在一个委员会之下,形成了"纵向到底、横向到边"的治理格局。在提高议事效率的同时,能够实现机关效能增加。通过议事机构前期充分的酝酿和协调,各项工作在决策层面的推进将会事半功倍。

随着学校各项事业的发展,委员会、议事小组等机构数量也在不断增加,这些具有决策咨询和决策前初选、筛选的机构,伴随着作用发挥的同时,相关参与单位自身作用发挥的问题也逐渐凸显。主要体现在"不能用""不会用""不敢用"三个方面。

"不能用"是指一些机构设置已经跟不上学校各项事业的发

展,且相关常设办事机构(办公室)挂靠在一级实体党政部门,按照议事规则每学期或每年度仍需要开展会议,但不产生对学校工作的实际促进作用,仅是为了延续而存在。挂靠部门负责人应及时发现相关问题,并通过向学校办公室呈报的形式,申请终止相关议事机构,或者在学校统一清理时配合开展清理工作。这样既能减轻部门负担,也能提升学校议事整体效率。

"不会用"是指把应通过委员会审议的事项在部门内的工作层面解决,造成在校内相关部门统一推进时,以部门间的沟通为主,无法形成合力,影响办事效果。充分利用好委员会的议事功能,把委员单位需要协同分工的事项在定期或者不定期的议事会议中做到友好协商、妥善解决,既能降低单个部门的工作负担,做好"减法",又能促进部门间合作氛围的营造,形成"1+1>2"的良性态势。

"不敢用"不仅是指责任担当的问题,更多是对解决疑难问题创新能力不足的表现。在了解各委员会议事规则和责任分工的同时,部分单位在遇到新问题、疑难问题时,不敢用、不愿用议事机制,宁肯捂在手里、拖在任内,担心合议后形成定势,将工作招揽到自己部门,增加工作负担。

以上三种情况都没有充分发挥委员会的功能,甚至曲解了其存在的价值。机关部门的存在,不仅要解决以部门为单位的工作业务,更要处理好跨部门的沟通协调问题。委员会、工作小组的存在,是助力而非阻力,是在做"减法"而非做"加法"。在当前学校各项事业全面发展的进程中,新事物层出不穷。在"非常态"与"常态"的差别趋同的背景下,作为部门主官,对老的议事机构"关停并转"、对运行中的完善规范,对新出现的跨部门问题条分缕析,借力发挥委员会、议事小组横向联通和纵向到底的优势,是干部综合能力素养提升的关键一步。做到"有为、能为、善为",需要各级各类部门的负责人在研究本部门工作实践的同时,关注其他部门的业务发展,在委员会平台上形成合力、创新发展。

(三)"功成不必在我,功成必定有我"

跨部门的合作不是一个"零和博弈"的过程,更多是共同协作的状态。凸显部门工作在学校建设与发展过程中的重要性,做大学校事业发展的"蛋糕",需要部门负责人在更高的站位上开展各项工作,要有"功成不必在我,功成必定有我"的格局和胸怀。

"功成不必在我"既是一种胸怀,更是一种警醒。领导干部要立足大局,学会在各项工作中替兄弟部门和单位"站台",在业务工作开展中抬好"轿子",让各项工作的开展尽可能顺畅。要避免把精力放在"计算"个人得失上,借机凸显自身在问题解决、工作推进中的作用。把部门利益凌驾于学校整体发展利益,把个人发展优先于部门正常运转,把部门的公权力当成自己的"私产",这些都不可取。要提高政治站位和大局意识,把做大做强学校各项事业、稳步推进业务工作的健康发展作为重要任务,把个人的"小我"与学校事业发展的"大我"有机结合。

"功成必定有我"是对部门间合作机制的一种约束和鞭策。从通常意义上的"不缺位、不越位",到自觉、自愿地把部门间合作作为工作开展的准绳,需要跨前一步、想多一层,不推诿、多掺和,把这种意识变成激励工作向更高、更广阔的领域发展的原生动力。

别让牵头单位唱独角戏

高校各种委员会组织的存在,为涉及多部门问题的协调解决提供了途径。但在工作中,经常会出现牵头部门、秘书

> 处单位既要牵头协调各项事务，还要在委员会召开时，负责向所有成员单位汇报工作这种对"谁牵头谁负责"的错误理解的怪圈。

分析与启示

众所周知，高校管理中有很多工作需要多个部门团结协作、共同配合才能够顺利推进。设立委员会秘书单位，本意是发挥主责部门的牵头作用，协调参与部门一同积极作为。但是随着工作要求的逐年提高，各委员会成员单位忙于自身工作，主责部门变成了全责部门，委员会年会也就变成了"一群人听一个人汇报"的完成规定动作的汇报会。其实，无论是牵头部门，还是成员单位，都是共同推进工作的责任主体和责任部门。对牵头单位来说，秘书单位要发挥牵头抓总的作用，力戒统管全部、全权负责的保姆心态，结合学校工作发展实际，通过制定落实到各成员单位的年度工作计划，厘清主责事项和需配合完成的各项工作，统筹安排工作任务，监督工作进度，考评工作效能，以委员会年度工作报告的形式，安排成员单位汇报工作开展情况。对成员单位来说，要摒弃"谁牵头谁负责"的错误认识，进一步强化责任担当意识，切实增强合作意识、大局观念。只有大家各司其职，各负其责，才能形成群策群力、齐抓共管的工作合力。

八、与院系对接工作

与院系工作对接的好坏是体现师生满意度和获得感的重要指标。机关部处做好管理引导和支持保障,对于助力院系学科发展、学生培育培养有着重要的作用。

(一)正确看待"校院两级管理"机制

校院两级管理体制改革是学校全面深化综合改革、完善大学治理体系的重要组成部分,是学校加强内涵建设、推进事业发展的重要抓手。实施校院两级管理,是以权责划分为核心,整合优化教学、科研资源,形成学校和学院两个管理层级,把人权、事权和财权下放给二级学院,实现管理重心下移,推进管理方式向"放管服"转变,激发二级学院的主动性、积极性和创造性。作为校级管理部门,在定位上既不能"恋权",也不能把两级管理朝"两张皮"的方向推,更不能借着两级管理把自身塑造成"有权无责"的"管理"部门。

"恋权"是对审批事项、审批流程、审批权限、签字权的过度强调,希望在学校发展、治理环节中,过度体现部门或者个人参与、展示的一种现象。在叠床架屋的过程中体现部门的价值,是一种错误的导向。通过定期或者不定期的梳理,合并、废止审批事项,简化审批流程、规范审批权限、减少签字内容、公示部门职权,对推进两级管理良性发展有着积极作用。

"两张皮"是曲解校院两级管理功能的一种表现。校级行政部门觉得已经通过精简机构、定岗定编的形式,把相关工作下放到院系层面,院系应该具备了相关的功能,一些工作可以形成互动。院系层面感觉形成了可以独立运行的系统,部分事项无须上报、响应。其结果就是部处工作的开展在个别环节上推进困难,"楼上欢声雷动,楼下风平浪静",部门工作的开展、报告的撰写没有第一手的材料,成为"无源之水、无本之木"。破解"两张皮"的局面,需要在坚持两级管理的同时,"迈开腿"建立对口联系、定期走访机制,把工作开展在日常,把任务传递变成协同处理。

"有权无责"是对两级管理中的政策曲解所造成的问题。在日常工作中,群众习惯把管理工作部门或者岗位形容成"有责无权""权责相称""有权无责"等类型,这种比喻是对部门公权力的直观表述。在开展校院两级工作的过程中,以"没有先例""制度在哪儿"等方式申明权力、回避责任,不仅造成了师生与行政部门的矛盾,也助推了机关部处人员流动时,趋向"有权无责"的部门,回避责任大、任务重的部分党务部门。加强校内巡视,统筹考虑干部发展路径,把满意度评测作为干部考核和部门间绩效评定的重要参考依据,推动机关作风建设常态化、长效化管理机制的形成,以人民为中心,聚焦服务师生的工作理念,构建基于监管和问责体系下的"权责平等"良性生态环境,将会有效改善部分管理人员嘴上"全心全意为师生服务"、行动上"怕担责任"、解决问题"退后一步"的积弊。

(二)当好"交通指挥员"和"引导员"

院系虽有大小,但是"五脏俱全",与机关各部门的工作对接是全方位的。各项工作的开展需要得到机关部门的指导与帮助,同时也需要在发展方向、自身定位上得到有效的引导。

当好院系工作开展的"交通指挥员",是指发挥机关部处规则制定、政策把握等方面的优势,使院系在工作中"不逾矩""保畅通"。院系工作的开展,需要汇聚各方资源,"道路千万条,安全第一条",不仅是机关部门通过建章立制指导院系开展日常工作的要求,也是意识形态工作开展的需要;不仅是对院系行政管理、党务工作开展的指导,也是对一线教职员工的纪律约束。通过制度宣讲、业务培训、调研走访、研判反馈等机制,可以有效防止学术研究、资金使用、对外合作领域内的不规范行为。机关部处服务的前置,既能避免对政策理解的偏差、风险防控的失范,也能有效降低后期事件化解的难度。

当好院系工作的"引导员",是指在开展业务指导的基础上,发挥机关统筹、协调的功能,推动校院两级工作的提质增效。用好学校"一网通办"的eHall平台,把可以简化与整合的审批事项、申报内容进行系统集成,为院系工作的顺利开展保驾护航。同时,发挥好各部门之间共建共享的功能,形成支撑院系工作开展的工作网络,把院系自身科研教学的着力点和聚焦点引导到推动学校整体事业发展的大平台上来,形成合力、催生动力、激发活力,促进全校各项事业的健康有序发展。

(三)做好"加法"和"减法"

随着时代进步和学校各项事业的发展,需要分解、下达的任务类型趋于多元,最终大都需要通过院系层面来消化和反馈。伴随着各级各类通知、方案等指令的增多,基层院系对于短时间内的业务量增加还能积极响应,但是对于长期的业务做"加法"会显现出疲态,需要通过机关部门的科学规划、决策,协商出"减法"。

"加法"的效能,使用得当可以事半功倍,操作不慎则可能造成部门工作事倍功半。行政事业单位事务性工作单一化、机械化也容易造成员工对新变化、新常态的不适应。适当地通过引入新的技能培训、拓展业务范围、强化效率导向,会在一定程度上提升部门工作效能。通过动态的工作量调整、合理化绩效评估能够有效激发员工积极性。但在未进行工作量评估、流程尚未优化的基础上增加工作量,通过非必要加班、"996"等非常态化的"加法",不合理地"揽入"超负荷工作等举措,把"非常态"变成持续的"常态"将影响工作团队的积极性和业务完成质量,造成事倍功半的结果。

为了减轻基层负担,需要从多方面考虑开展"减法"工作。需明确各级各类会议召开的频率、时长;能通过网上办公解决的,不在线下办理;能通过视频会议解决的,不召开实体会议解决。部门内提倡提高工作效率,不加无意义的班;尽量不在非工作时段向院系、部门及部门员工传达工作任务;对于工作的传递、转接,要做到指令清晰、简洁,要在结合工作实际的基础上,"精准"推送任务,形成"简要"的各类工作报告和总结。

莫让"有责无权"束缚学院发展

校院两级管理制度试点之后,个别部处把一些基础统计的事务下放给院系,做"甩手掌柜"。但这些部处把审批权、经费管理权、人事聘用权紧紧握在手中,从"有权有责"的部门,变成"有权无责"的部门,责任下放了,权力却留在了手中。

分析与启示

校院两级管理体制改革是全面深化大学综合改革、完善大学内部治理体系、建设现代大学制度的一项重要内容。从本质上说，校院两级管理体制改革就是高校职能管理部门与学院之间的一次权力、责任和义务的再分配，改革的难点在于如何破解校院两级之间权责的"零和博弈"。案例中的基层院系被赋予的事权与所掌握的财权、人事权不匹配，学院没有真正成为办学主体，这在一定程度上影响了学院办学的积极性和主动性。既然改革的出发点是激活学院的办学活力，就应以"放"为主，"管服"跟进，结合事权下放财权、人事权，带动人才培养、学科建设、师资队伍建设等大学主要工作的系统改革，全面提高大学内部管理质量。同时，落实"以师生为中心"的管理服务理念，定期开展需求调研工作，解决院系工作中需要指导的项目，形成权威性的解释或政策方案，送服务上门、答政策疑惑。定期开通气会和协调会，把校级责任部门的想法与利益涉及的单位进行及时沟通，通过邀请党外人士民主监督等形式，对重大工作推进情况开展民主监督，有利于客观、稳定、有序地推进校院两级各项管理服务工作。

九、与上级主管部门(单位)对接

机关部处的设立,不仅是学校发展的需要,也是为了向校外各级管理机构提供接口的需要。在做好校内管理服务的同时,做好对外衔接和协调,对学校外部环境的改善和提升有着积极的促进作用。

(一) 明确对接主要渠道和关联渠道

经过机构设置和人员编制的磨合,校内外部门间大都存在具体对口部门作为沟通的桥梁,学校也会随着教育主管部门和地方行政部门设置的调整相应调整和完善机构设置,日常工作的开展不会因为业务无法对接而延宕。从工作开展的角度来说,最常遇到的问题是"多个婆婆"的情况,这就需要机关部处在掌握自身业务的基础上,及时拓展和调整工作内容,认准工作对接主渠道,做好关联渠道的衔接和服务工作。

与部门对应的上级主管部门或地方业务部门合作是学校各部门对外业务的主渠道。这一渠道的业务开展有着既定的工作节奏、规律和制度规范,在做好基础性对接工作的同时,拓展非业务层面的交流,能够有效推进部门间的合作发展。通过优化对接服务流程增进互信,可以将制度的刚性和操作流程的弹性有效结合,为学校事业的发展创造更多、更好的发展机会。

与非直接对口部门的合作,更能体现出部门间合作的必要性和重要性。随着大党建、大统战、大外事、大后勤等平台建设需求的发展,各类围绕专题性业务开展形成的委员会机构承载了对接校外各专业委员会的职能。相关文件、通知的送达,已经不再是校内某一个部门、院系、单位能够独立对接并完成的工作任务。尽管校内各委员会、小组等平台囊括了相关机构,但在日常实践过程中,仍会出现主办单位、协办单位之间"间隙"过大的问题。秘书处或常设办公室挂靠单位在协调工作任务时,缺少类似于学校办公室的综合协调职能,容易造成工作任务和指令完成质量打折扣的情况。妥善解决此类问题,既需要常态化的委员会、小组议事平台的常态化通报、议事机制,也需要对委员会单位贯彻落实文件精神、执行通知任务情况进行定期评估,更需要不定期地对工作中出现的"间隙"问题进行完善和修正。

(二)做好任务领取和信息传递

在高校的行政管理工作中,信息源比较多元,任何单位和部门都有可能成为信息的生产源头。行政、教学、科研、学工等条线和二级单位、各职能部处也都拥有获取外部信息和产生信息的功能,都是对内信息生产机构。党务行政部门因处在信息对接的核心节点而成为信息生产的重要组成部分。

作为高校信息主要生产机构的部处,不仅要将下达的文件进行传递和解读,也要把获知的信息进行再生产。同时,还要进行信息校对和信息初查,通过判定信息的紧急程度、重要程度,形成传文范围和处理方式的初步建议,对需要处置的事项形成初步处理意见。

信息传递过程的关键环节在于传输,它的运行效率决定了信息传递的质量和效果。考察信息传递效果的指标是信息传播后的接受程度和反馈情况。接收到信息后要快速、准确地做出反应并开展相关工作。推进落实是否及时准确是检验信息传递质量的关键。反馈、复盘是信息传递的最后一步，也是信息传递工作不断完善的评价指标。

防止落实工作浮于表面

上级各类专项督查检查任务下达后，某主责部门未与相关部门沟通就撰写好报告直接反馈给了上级单位。事后，上级单位根据材料内容向校内另一部门去函，要求限时办结材料所反映的问题，而收到函件的部门对材料中反映的问题一无所知。

分析与启示

督查检查考核工作，是推动党的理论和路线方针政策、党中央决策部署贯彻落实的重要手段，是改进党的作风、激励广大干部担当作为的重要举措。案例中的主责部门不结合实际，不深入了解情况，只做表面文章，把完成报告材料作为落实工作的方式，反映出主责部门对上级安排的任务敷衍了事、不负责任的工作作风。作为接收上级任务的主责部门，应统筹协调校内各相关部门，共同落实上级的各项工作要求。在材料报送和批示反馈过程中，加强沟通与交流，及时向相关部门通报材料组织情况并反馈涉及部门的领导批示意见，在校内各单位之间开展有序有效的合作，真正发挥上级督查检查考核工作在学校日常管理工作中的指挥棒作用，提升高校治理效能。

十、主动承担区域性、国家级工作任务

机关部处要履行学校对外合作的职能，引导科研力量、教学团队等参与国家和地区发展，发挥智力资源优势，肩负起大学的社会责任。

（一）办好会、干好活是一项细致工作

从宏观层面来说，承担和举办重大会议，是体现战略管理和成果展示的重要机遇。重要的全国性、区域性或行业性会议安排在指定高校举办，不仅是对学校综合实力的肯定，也是对学校相关领域工作阶段性成果的认可。办会和办好会之间的些微差别，体现出管理团队的运行效率和整体水平。

从微观层面来说，干好活要达到"精细化""专业化"操作要求，要有主观能动性和担当精神。"能干事儿、会干事儿、办好事儿"是综合能力不断提升的表现。把工作任务"干完了"变成对工作环节精益求精的"干好了"，在不断的承接与操作中完善和提升综合业务能力。

（二）组织好校内力量积极申报

各级各类评选的申报，不仅是申报人、申报团体的实力和水平的体现，也是机关部处助力筑梦的广阔舞台。把师生、院系单位的申报、评奖从个人或团体的孤军奋战，变成拥有雄厚支持力量的集

体劳动成果,既是对师生、学校的回馈,也是部门存在价值的凸显,更是对上级部门下达的申报任务尊重的体现。

机关部处在对规则把握、文本形成、投送策略等方面较之申报人有着较大的专业优势。通过设立教师发展服务中心、一站式服务平台、专业申报支持团队等形式,提升学校申报的整体质量。把教师申报的服务节点前置,通过政策宣讲、"一对一"服务等举措,增强师生与行政管理部门的良性互动,教学、党务、行政、学工各系统之间的运作会更加协调,成果的产出会更加丰富。

在分析、整理历年申报数据的基础上,对当年或当次申报的态势进行研判,选准代表性、前沿性的成果组织开展申报,提供专业的申报服务,开展面向申报候选人的辅助信息精准推送,这将会大幅度提升候选人正式入选的几率。申报项目的成功,最终将转化成为学校各项事业整体实力提升的重要支撑力量。

(三) 借鉴学习兄弟高校先进经验

"走出去、请进来"是管理经验和业务技能提升的重要途径。通过主动承担国家性、区域性工作任务,不仅能够让自身的实力得到展示,更重要的是还能够学习到兄弟院校相关领域的先进经验。随着高校办学趋于国际化,在借鉴学习的过程中,不但要向国内的兄弟院校学习,也需要向海外的同仁借鉴。

面向国内的兄弟高校借鉴学习,有两种倾向需要引起注意。一是只向前看不向后看,只借鉴知名院校的亮点,不学习地方性院校的经验。学校综合实力的不同,的确可以表现为相关领域工作经验的积累厚度不同。但是,相关工作亮点是否能够作为本校学习的成功经验仍需要通过实践来验证。不能眼中只有日月的光芒,却看不见满天繁星的璀璨。地方性院校在服务地方经济发展、紧密联系地方实际方面积累的宝贵经验,是学校融入区域发展、投身社会主义现代化建设的重要学习内容。放下架子、俯下身子,从身边学起、从小事做起,是开展各项合作的合理姿态。

面向海外高校的经验借鉴,要客观看待中国高等教育事业发展的现状,既不盲从,也要理性分析。改革开放以来的中国高等教育,经历了一个飞速发展的时期。与海外高校的管理相比较,中国高校的管理能力经历了跟跑、陪跑、并肩跑向未来的过程。从 QS 世界大学排名来看,中国高校的排名增长相当快。从管理人员受教育水平来看,与改革开放初期相比,已经发生了巨大的变化。新时期、新常态带来了硬件环境的改善、科研能力的提升,在迈向新台阶的过程中,需要从以人为本的服务理念中汲取经验和创新举措,这在与海外高校的交流中将成为一个时期的重点内容之一。与海外高校的交流,既是对相关领域知识、技能的梳理、总结和比照,也是对发展进程的反思,更是对如何办好社会主义大学理念的实践与探索。

莫忘发挥高校社会服务引领作用

上级单位相关处室来电与高校某部门协商,拟安排在学校举办一个区域或全国性会议。部门负责人再三权衡,认为部门经费年初没有申报,办会经费无法保障,目前学校任务也比较多,就婉拒了。

分析与启示

高校作为人才培养的摇篮、科技创新的阵地、文化传承的高地,承担着培养高素质人才的重大使命,在推动社会高质量发展的过程中发挥着支撑引领作用。案例中,部门负责人仅从部门和个人的利益出发,忽视了高校应承担的社会责任,反映出其政治站位不高。将工作会议、现场会议安排在某一所学校,是上级单位对该学校相关领域工作的肯定和认可。高校是智力的聚集地,也是思想文化的策源地,在咨政建言、服务决策方面有着独特优势。聚焦经济社会发展中面临的突出问题,利用人才荟萃、智力集中的优势,主动开展前瞻性、对策性研究,积极举办区域或全国性会议,是高校发挥智囊团、思想库作用的重要途径。高校把承担国家或区域级工作会议的任务作为展示学校特色、交流学习经验的重要平台,要主动调集人力物力,在政策制度允许范围内,全力配合办好会议。

专 题 篇

一、加强党的政治建设

政治问题,任何时候都是根本性的大问题。党的政治建设是党的根本性建设。政治过硬是领导干部的首要政治品质和政治生命线。政者,众人之事也;治者,管理也。凡涉及管理众人之事就是政治。只要是行使权力的行为就必须讲政治,党员领导干部更要有很强的政治意识、政治能力。党的十八大以来,习近平总书记多次强调提高领导干部政治素养,提出领导干部政治素养要与担任的领导职责相匹配。这一要求切中了当前领导干部能力素质问题的"七寸",领导干部要时刻紧绷政治这根弦。高校机关部处长作为高校机关开展各项工作的中流砥柱,必须旗帜鲜明讲政治,坚持不懈推进党的政治建设。要按照习近平总书记的要求,把准政治方向,坚持党的政治领导,夯实政治根基,涵养政治生态,防范政治风险,永葆政治本色,提高政治能力,善于从政治上分析问题、解决问题,"不畏浮云遮望眼",切实担负起党和人民赋予的立德树人政治责任。

(一) 把准政治方向

方向涉及根本、关系全局、决定长远。方向比努力更重要。方向错了,越努力越糟糕。政治方向是党生存发展第一位的问题,事关党的前途命运和事业的兴衰成败。加强党的政治建设,坚守正确政治方向是重中之重。如果在方向问题上出现偏离,就会犯颠覆性错误。对此，我们必须有十分清醒的认识。"什么是政治方向？"灵魂深处一个柔弱的声音，拷问着每一个党员干部的初心和使命。对机关部处长来说，坚持正确的政治方向是起码的要求。面对当前复杂多变的国际政治经济环境和繁重艰巨的国内改革、发展、稳定的任务，坚持正确的政治方向，是马克思主义政党存在和发展的根本条件，是体现党的先进性本质的主要标志。现在，我们所处的时代不同了，条件变化了，历史任务也变化了，但是正确的政治方向没有变，而且永远不会变。我们所要坚守的政治方向，就是共产主义远大理想、中国特色社会主义共同理想和"两个一百年"奋斗目标，就是党的基本理论、基本路线、基本方略。

（1）把握正确政治方向，加强政治理论学习是前提。理论上的成熟是政治上成熟的基础和标志。讲政治必须从理论知识入手，让强化政治理论学习作为提升领导干部政治思想素养的重要途径。有的领导干部自认是老共产党员，认为对政治理论的认识已经十分深刻，而忽视了对政治理论的持续学习，自满于曾经获得的知识，却忽略了时代在不断进步，理论和问题也是常变常新的，政治理论的学习也应持续不断。这就要求部处长应注意结合新的实际、新的问题、新的要求，认真学习马克思主义理论，认真学习党的创新理论，特别是习近平新时代中国特色社会主义思想，在掌握基本原理及其精神实质上下功夫，必须真学、真信、真用，不断增强政治敏感性和政治把控能力，坚定走中国特色社会主义道路的信心和决心。

（2）把握正确政治方向，牢固树立"四个意识"、践行"两个坚决维护"是关键。牢固树立"政治意识、大局意识、核心意识、看齐意识"，是坚定正确政治方向的核心要义。进入新时代，我们党正带领中国人民进行具有许多新的历史特点的伟大斗争，增强"四个意识"是解决突出问题、确保党的纯洁性的必然选择,是凝聚发展动力的重要思想保证。机关部处长要紧密结合思想和工作实际,从自身做起,牢固树立"四个意识",坚定"四个自信",坚决做到"两个维护",确保机关工作沿着正确的政治方向前进。

(二) 坚持党的领导

中国特色社会主义最本质的特征是中国共产党领导,中国特色社会主义制度的最大优势是中国共产党领导,党是最高政治领导力量。没有党的领导,民族复兴必然是空想。党的领导地位不是自封的,是历史和人民的选择,是由人民民主专政的国家性质决定的,是由我国宪法确立的。党政军民学,东西南北中,党是领导一切的。党的领导,即党的政治领导、思想领导、组织领导。坚持党的领导,主要是坚持党的政治领导。这是中国最大的国情,也是中国最鲜明的特色。党的政治领导,主要体现在党的路线、方针、政策等重大决策的领导,在政治立场、政治方向、政治原则、政治道路方面的领导。坚持党的政治领导是坚持和加强党的全面领导的重要体现;坚持党的政治领导是坚持党中央权威和集中统一领导的重要保证。

机关部处长要保持政治定力不动摇,必须坚持党的政治领导,最重要的是坚持党中央权威和集中统一领导,坚决做到"两个维护",这是党的政治建设的首要任务。坚持党的政治领导,必须坚决破除形式主义、官僚主义。形式主义和官僚主义是一种只图虚名、不务实效、脱离群众、脱离实际的思想作风和工作作风。如果任其发展,必然削弱党的政治领导,消解我们的最大优势。因此,机关部处长要坚决克服形式主义和官僚主义的歪风,切实把自己摆进去,带头查摆自身存在的问题。沉下身子,走出机关,放下架子,虚怀若谷,广泛听取各方面意见,要把党放在心中最高位置,坚持党的领导高于一切,无条件做到"四个服从",牢固树立"四个意识",自觉在思想上政治上行动上同党中央保持高度一致,用坚定的政治立场和政治方向指导开展工作。

(三)夯实政治根基

人民群众的拥护和支持,是党执政最牢固的政治基础和最深厚的力量源泉。加强党的政治建设,就要紧扣民心这个最大的政治,把赢得民心民意、汇集民智民力作为重要着力点。民心向背关乎一个政党、一个政权的兴衰成败。纵观中国历史,无论是夏、商、周,还是唐、宋、元、明、清,这些王朝从建立到强盛再到衰败,以无可辩驳的事实证明:一个政权的命运,不是由统治者掌控,而是由民心来决定。得民心者得天下,失民心者丢江山,这是一个亘古不变的真理。人民群众是党的力量源泉和胜利之本,事关厚植党执政的政治基础。这也是党从历史和实践中总结出的宝贵经验。正是基于这样的清醒认知,中国共产党把"全心全意为人民服务"作为根本宗旨,把"立党为公、执政为民"作为执政理念,把"从群众中来,到群众中去"作为群众路线。

"民心"是衡量干部"政绩"的重要"标尺"。作为干部,其成长固然需要组织的培养与自己的努力,但更离不开群众的支持和信任,否则,将会一事无成。所以,高校机关部处长心里要装着师生,以师生之需作为工作的出发点、立足点。只有以师生为本,用心为师生工作,用心为师生服务,用心为师生解难,用心为广大师生谋利益,用广大师生容易理解的语句和当前热门话题的事例表达党的方针政策,才能达到党的群众工作的目的。总之,面对新形势、新任务,机关部处长要善于研究和把握师生工作的特点和规律,创新工作方法，始终同师生想在一起、干在一起，把师生工作做深、做细、做实，沉下心来干工作，心无旁骛钻业务，着力解决师生最关心、最直接、最现实的利益问题，增强师生工作的亲和力和感染力，切实提高师生工作的针对性和实效性，努力开创高校群众工作的新局面。

（四）涵养政治生态

营造良好政治生态是一项长期任务，是党的政治建设的基础性、经常性工作。

（1）首先必须筑牢政治忠诚。天下至德，莫大乎忠。机关部处长政治过硬最基本的要求，就是必须筑牢"两个坚决维护"的政治忠诚，始终把党放在心中最高位置，决不能"说一套做一套"，在任何时候、任何情况下都做到忠诚党的信仰、忠诚党的组织、忠诚党的立场宗旨、忠诚党的事业。

（2）要把树立正确选人用人导向作为重要着力点，突出政治标准。"为政之要，惟在得人"，好领导、好组织的重要责任就是把好干部选出来、用起来。我党历来重视人才选拔培养，并把政治标准作为选人用人的首要标准。选人用人是党内政治生活的风向标，正确的政治路线要靠正确的组织路线来保证。党的十九大报告指出，要突出政治标准，提拔重用忠诚干净担当的干部。这一要求具有鲜明导向性和现实针对性，广大干部应该自觉以此对标。这就要求各机关部处必须树立鲜明的正确选人用人导向，为本部门以及学校把好选人用人关口。坚持德才兼备、以德为先的选人用人标准，树立重实干、重实绩的用人导向，让那些想干事、能干事、干成事的干部有机会有舞台。

（3）要严肃党内政治生活。要贯彻落实新形势下党内政治生活的若干准则,让机关部处长在党内政治生活中经常接受政治体检,增强政治免疫力。严肃认真的党内政治生活、健康洁净的党内政治生态,是党的优良作风的生成土壤,是党的旺盛生机的动力源泉,是保持党的先进性纯洁性和提高党的创造力、凝聚力、战斗力的重要条件。机关各部处长特别是党员部处长,要尊崇党章,严格执行新形势下党内政治生活若干准则,着力增强党内政治生活的政治性、时代性、原则性、战斗性。通过严肃认真的党内政治生活,集中解决好突出问题,营造风清气正的政治生态。

(4)要弘扬社会主义核心价值观。习近平总书记一贯高度重视社会主义核心价值观的培育和践行。他指出,核心价值观,其实就是一种德,既是个人的德,也是一种大德,就是国家的德、社会的德。国无德不兴,人无德不立。如果一个民族、一个国家没有共同的核心价值观,莫衷一是,行无依归,那这个民族、这个国家就无法前进。机关部处长必须带头践行社会主义核心价值观,讲修养、讲道德、讲诚信、讲廉耻。弘扬和践行忠诚老实、公道正派、实事求是、清正廉洁等价值观,以良好政治文化涵养风清气正的政治生态。这既是高校领导干部所处身份的内在要求,更是立德树人的客观要求。

(五) 防范政治风险

政治风险是直接关系到政党的政治统治、关系到党和国家长治久安的重大问题。习近平总书记强调,我们党在内忧外患中诞生,在磨难挫折中成长,在战胜风险挑战中壮大,始终有着强烈的忧患意识、风险意识。防范政治风险是政治建设的重要内容。强化忧患意识、风险意识,必须切实防范政治风险,这是确保党的政权稳定、使党始终成为中国特色社会主义领导核心的政治前提。

当今世界正经历着"百年未有之大变局",世情、国情、党情都在发生着深刻变化。全球化的迅速发展,使政治风险跨越政治地理边界成为可能,对高校政治安全也形成了威胁。一方面,我们政治上的敌对势力,以及一些邪教组织和民族分裂分子会把他们的意识形态、文化霸权及所谓"普世价值"等观念对高校进行输出,而高校的青年学生三观尚未完全形成,很容易被国外错误的思想误导,形成影响政治安全的不稳定因素;另一方面,有些高校的部分教师打着"学术研究无禁区"的旗号在公共场合甚至在课堂上,公然提出诽谤党的领袖、攻击党的领导、诋毁改革开放等反党、反社会主义的言论,这必须引起我们的高度重视。

部处长要想在新时代大有作为,必须保持饱满的精神和昂扬的斗志,时刻保持警醒,以高度的忧患意识、风险意识防范政治风险的发生。要增强前瞻性、自觉性、主动性,加强防范化解高校重大风险的体系建设和能力建设。要提高防范化解高校重大风险的政治站位,将其作为一项重要的政治任务和战略工程。要加强全面、系统、准确的马克思主义理论教育和国情的系统教育。要着力做好网络舆论引导,做好重大活动、热点问题与突发事件的风险防范。要力争把风险化解在源头,不让小风险演化为大风险;要防范系统性风险的发生;要把危机变为转机,把风险变为机会。

(六) 永葆政治本色

一个领导干部在政治上坚守本色,才能够恪守底线、不越红线。始终如一永葆政治本色就是一个高尚的人、政治上的明白人。习近平总书记指出,加强党的政治建设,始终坚持把全面从严治党向基层延伸。必须以永远在路上的坚定和执着,坚决把反腐败斗争进行到底,使我们党永不变质、永不变色。

（1）机关部处长要永葆政治本色，就必须坚定政治信念。政治信念是政治素养的灵魂。习近平总书记曾经指出："理想信念就是共产党人精神上的'钙'，没有理想信念，理想信念不坚定，精神上就会'缺钙'，就会得'软骨病'。"高等教育是中国特色社会主义事业的重要组成部分，而机关部处长是高等教育事业的重要组织者与参与者，其理想认知以及信念追求关乎高等教育的长远发展，必须坚定理想信念，加固精神长城，始终坚定马克思主义信仰，坚定中国特色社会主义和共产主义理想信念，并为这种理想信念矢志不渝奋斗。

（2）机关部处长要永葆政治本色，就要抓好作风建设。一直以来，艰苦朴素、清正廉洁、实事求是是我党的优良工作作风。要强化部处长的政治纪律和政治规矩，让其知敬畏守底线，将精力投入立德树人的根本任务。要依托制度机制刚性约束，引导部处长自觉比对党规校纪，审视思想、言语、行动，切实改进思想作风、工作作风、领导作风、生活作风。

（3）机关部处长要永葆政治本色，就要践行好"四自"。自我净化、自我完善、自我革新、自我提高，是马克思主义政党及共产党人的一大鲜明特质。毛泽东同志强调党"必须有'承认错误并且改正错误'的这样一条原则"；习近平同志强调领导干部要经常"照镜子、正衣冠、洗洗澡、治治病"，让"红红脸、出出汗"成为常态。永葆政治本色，既靠外在力量他律，更靠实践主体自律。部处长要努力在"四自"中不断修正人生坐标，永葆共产党人政治本色。

（4）机关部处长要永葆政治本色，就要强化反腐倡廉。一方面，部处长"要讲政德、明大德、守公德、严私德，做廉洁自律、廉洁用权、廉洁齐家的模范"；另一方面，学校要扎紧扎密制度篱笆，擦亮巡视巡察利剑，"打虎""拍蝇""猎狐"要"稳准狠"。同时，全面细化廉政风险防控,精准研判岗位风险漏洞,以零容忍态度严惩腐败,让广大师生真正感受到清正干部、清廉校园就在身边、就在眼前。

违反政治纪律与政治规矩

国内某大学党委校长办公室主任、财务处处长、后勤处处长等人,在接受组织检查询问时,提供虚假情况和材料,应付巡视检查和组织调查问题。该校党委常委会研究决定,撤销党委校长办公室主任职务,由正处级降为副处级;给予后勤处处长党内严重警告处分,免去后勤处处长职务;对财务处处长进行诫勉谈话,调离原岗位。

分析与启示

从这一违纪违法的案例来看,高校中层正职领导干部,是高校党委重点培养的对象,本应坚定理想信念,牢记党的宗旨,严守党的政治纪律、政治规矩,在模范遵守和执行党的各项纪律上作出表率。但他们理想信念丧失,严重违反党的政治纪律和政治规矩,对党不忠诚不老实,是典型的"两面人"。案例背后的深刻教训,值得我们每一个领导干部深刻总结和认真汲取并引以为戒。党的十八大以来,习近平总书记始终强调从政治的高度看全面从严治党,正确处理政治问题和腐败问题的关系,深刻认识腐败现象的本质。这就要求领导干部要汲取违纪违法案件的教训。一要做到把讲政治摆在首要位置,提高自己的政治站位,牢牢把握政治方向,增强"四个意识",坚定"四个自信",做到"两个维护"。二要坚定理想信念,强化宗旨意识。全体领导干部特别是党员领导干部,要对党绝对忠诚,要以更高的标准、更严的要求把党的理想信念宗旨立起来、挺起来,把严守政治纪律和政治规矩摆到首要位置。教育系统绝不允许有特殊组织、特殊党员,也绝不允许搞任何特权。三要把纪律和规矩挺在前面,强化党规党纪意识。各级党组织和党员干部要认真学习贯彻《中国共产党廉洁自律准则》和《中国共产党纪律处分条例》,牢记廉洁自律要求和党的纪律底线,增强贯彻执行党纪党规的自觉性、坚定性。四要加强权力监督制约,强化廉政风险防范意识。要加强对干部的监督管理,用好纪律戒尺,发现干部的不足,及时"咬耳扯袖、红脸出汗"。党员领导干部要带头严明纪律,真正发挥引领示范作用。

二、新时代新使命新作为

新时代赋予新使命,新使命要求新作为。党的十八大以来,习近平总书记反复强调,作为肩负完成党的事业的领导干部,素养本领高低始终是决定党的事业兴衰成败的关键因素。这就要求领导干部时刻要有清醒的头脑,深刻认识"本领恐慌"问题,坚持不懈提高素养本领。具体来说,就是要增强学习本领、科学发展本领、依法执政本领、沟通协调本领、信息管理本领、公文写作本领、驾驭风险本领等。机关部处长要按照建设高素质专业化干部队伍要求,强化本领培训和实践锻炼,强化专业思维和提高专业素养,涵养干部担当作为的底气和勇气。

(一)学习本领

学习本领是领导干部必须具备的首要本领。机关部处长不但要在思想上把第一位本领牢固立起来,而且要在实践中不断强起来。学习是干事创业之基,修身立德之本。习近平总书记指出,当今时代,知识更新不断加快,各种新知识、新情况、新事物层出不穷。世界在前进,社会在进步,生活在变化,我们必须跟上历史的步伐。同时,他还强调:"我们依靠学习走到今天,也必然要依靠学习走向未来。"机关部处长要深刻认识到学习是获取知识、提升能力、增长本领的必经之路。要切实增强学习的自觉性和紧迫感,重视学习、善于学习、积极学习,把学习当作一种追求、一种责任、一种习惯,着力补齐知识短板,克服"本领恐慌",在改革发展中多积尺寸之功、多积点滴之功。

提高学习本领要解决好"怎么学"的问题。机关部处长必须增强学习的针对性和实效性。

(1) 加强马克思主义哲学的学习。中国共产党人一贯重视哲学,毛泽东曾把马克思主义哲学比作"望远镜"和"显微镜",可以解决"我们共产党人眼力不够"的问题。习近平总书记则把领导干部学习马克思主义哲学提升到"看家本领"的高度。马克思主义哲学揭示了自然界、人类社会和思维的最一般的规律,为我们认识世界的本质、理解人与世界的关系提供了科学的世界观和方法论。它能帮助领导干部正确处理各种复杂的矛盾关系,形成正确的工作思路,树立更健康、更先进的价值观以及伴生而来的正确的政绩观、权力观、事业观、人生观、金钱观等,从而使我们认清历史大势,找准定位。

(2) 要加强历史学习。历史是最好的教科书。要认真学习党史、国史,了解我们党和国家事业发展的来龙去脉,深刻领悟"我们从哪里来、现在在哪里、将到哪里去",从而自觉汲取历史的经验教训,不断增强工作的预见性、主动性、创造性。

(3) 要加强岗位学习。要结合自身工作实际,有针对性地学习掌握履岗尽责必备的各种知识,包括经济、政治、历史、文化、社会、科技、军事、外交以及中华优秀传统文化等方面知识,不断提高知识化、专业化水平,努力成为行家里手,在工作中发挥模范带头作用。

(4) 要坚持学以致用。增强学习本领是一个长期的复杂的系统工程,必须坚持学习知识与推动实践相结合。既要向书本学习,也要向实践学习;既要向群众学习,向专家学习,也要向国外有益经验学习。做到学以致用、用以促学、学用结合、知行统一,把学习书本知识与学习直接经验相结合,把学习知识与提高能力相结合,把学习理论与推动实践相结合,特别要注意提高战略思维、辩证思维、创新思维、历史思维、底线思维、法治思维的能力和水平,在理论与实践的双向互动中学真知、益能力、长才干、促实践。

(二)科学发展本领

发展是解决我国一切问题的基础和关键,发展必须是科学发展。准确把握发展思路、发展方向和着力重点,关键要靠科学发展。科学发展本领是新时代领导干部重要执政本领之一。习近平总书记指出:"增强科学发展本领,善于贯彻新发展理念,不断开创发展新局面。"这就是说,科学发展本领,归根结底是用新的发展理念实现更好更快的发展,最终体现为破解发展难题的能力和本领。新时代,机关部处长要保持定力,善于贯彻新发展理念,不断增强科学发展本领,不断开创发展新局面。

增强科学发展本领,要善于将新发展理念落到实处。再好的理念,如果不落地就成为空谈;再好的武功秘籍,如果不练就是废纸一张。部处长要坚定贯彻落实"创新、协调、绿色、开放、共享"五大新发展理念,要增强科学发展本领,将新发展理念落到实处是关键。

(1)坚持创新发展,不断激发办学活力。要把人才作为支撑创新发展的第一资源,推进人才发展体制和政策创新,打破办学资源瓶颈,让复旦成为创新服务的沃土。

(2)坚持协调发展,持续优化办学结构。协调是持续健康发展的内在要求。要处理好各教育层次的关系,牢固树立本科教学的中心地位,并且以此为基础,开展特色研究生教育,发展留学生教育。

（3）坚持绿色发展，营造良好办学生态。绿色发展是永续发展的必要条件和人民对美好生活追求的重要体现。要加强大学文化建设，大力加强师德师风建设，培育良好教风学风考风，形成良好育人氛围和教育风尚，着力建设美丽校园。要将绿色发展的理念贯穿于学生培养的全过程，引导师生形成健康绿色生活习惯。

（4）坚持开放发展，努力拓展办学空间。开放是国家繁荣发展的必由之路，也是高校实现共赢发展的有效途径。要开辟国际化办学新境界，构建校院两级国际化办学模式，加强与世界一流大学的交流合作。要结合一流学科专业建设，提高人才培养国际化水平，提升科研国际化能力。要推进校际交流合作，加强资源共享、互派访学、学分互认，推动开放办学向纵深发展。

（5）坚持共享发展，不断提高师生获得感。共享是中国特色社会主义的本质要求。要突出师生的办学主体地位，办学以教师为本，育人以学生为本，坚持发展为了师生、发展依靠师生、发展惠及师生，为师生谋幸福。要不断改善办学条件，优化师生学习、工作和生活环境，积极促进师生全面发展。

（三）依法执政本领

法是社会的准绳，是维护国家机器正常运转的能量。"法不明，则天下乱。"法治是治国理政的基本方式，依法执政是一项极为重要的本领，各级领导干部必须切实提升法治素养，真正敬畏法律，带头遵守法律，在深化全面依法治国的实践中增强依法执政本领，不断提高运用法治思维和法治方式深化改革、推动发展、化解矛盾与维护稳定的综合能力。习近平总书记指出："增强依法执政本领，加快形成覆盖党的领导和党的建设各方面的党内法规制度体系,加强和改善对国家政权机关的领导。"机关部处长要内外"双驱动",提升依法执政的理念,善用法治思维,运用法治方式,增强依法执政本领。

(1) 加强部处长自身建设,不断提高依法执政能力。部处长必须树立法治思维,增强法治意识,做尊法学法守法用法的模范。树立法治思维,就是严格按照法定职责、法定权限、法定程序,公开透明地履行职责,想问题、作决策、办事情都考虑是否合法合规。部处长要增强法治意识,要尊崇、敬畏宪法法律与党章党规党纪,牢固树立宪法法律至上、法律面前人人平等、权由法定、依法用权等法治观念,成为遵法的模范。习近平总书记强调:"领导干部要把对法治的尊崇、对法律的敬畏转化成思维方式和行为方式,做到在法治之下、而不是法治之外、更不是法治之上想问题、作决策、办事情。"要把学习作为基础环节,部处长要带头认真学习法律知识,自觉提高法律素养。既要熟悉掌握具体法律制度规定,又要深刻领会其内涵和精神实质。每一位部处长都必须牢牢记住,不论在什么岗位,都要严格执行法律,进一步规范自己的从政行为,自觉地接受师生的监督和法律的监督。要坚持依法办事,按法律程序解决工作中出现的矛盾和问题,这样处理结果就有法律依据,能以法服众、以法说话、以法育人,把法律意识落实到具体的管理工作中去,推动各项工作的开展。

(2) 建立与完善监督制约机制,制度化保证依法执政。依法行政的核心是规范行政权力,防止行政权力被滥用。坚持依法执政,关键是要抓住制度建设这个重要环节。通过加强制度建设,用制度管人,扎牢制度的"笼子",促进依法执政能力的提高。学校要建立结构合理、配置科学、程序严密、制约有效的权力运行机制。按照效率原则和权力制约原则,对各部处的权力进行科学配置,尤其对直接管理人、财、物的重要部门的某些过于集中的权力进行适当分解,避免权力集中于少数人手中,形成合理的权力结构,以利于各种权力之间的有效制约和监督。要进一步发挥学校纪检监察、审计等职能部门的作用,充分发挥党内专门监督机关的职能。坚持和完善巡视制度,加强对部处长的监督。加强领导,改进方式,强化监督力度,提高监督效果。坚决纠正有法不依、执法不严、违法不究、滥用职权等现象。

(四) 沟通协调本领

交换一个苹果,各得一个苹果,交换一种思想,各得两种思想。领导干部的沟通和协调不仅是一种技巧,更是一种艺术。研究表明,工作中70%的错误是由于不善于沟通,或者说是不善于谈话造成的。美国管理学家福勒特(Follet)认为,管理就是沟通协调。这指出了沟通协调本领是领导干部所有能力中极其重要的一种。部处长作为学校部门管理的中流砥柱,在贯彻落实校领导决策的过程中,良好的沟通协调是推动工作有效开展的助推剂,往往决定了事情的成败。

(1) 要积极主动。一方面,要乐于沟通协调。部处长应重视且乐于沟通,愿意与人建立联系。在遇到沟通障碍时,能够以积极心态和不懈的努力对待冲突和矛盾。但是在实际的协调沟通的过程中,有些部处长却缺乏积极主动性。当沟通出现障碍时,也直接通过强权来回避。比如,下级在汇报工作时提出了与部处长不同的意见,部处长直接否决而不是主动与下级进行合理沟通,告知下级这样做的原因;又或者在接受上级布置的工作时,虽然出现了疑惑,却并不主动与上级沟通,最后造成了严重的失误,等等。作为一个领导者,必须主动同上级、同级、下级进行积极沟通。另一方面,要善于倾听。倾听是人与人心灵沟通的桥梁。倾听不是人们平常所说的听或听见,而是一个将注意力集中于当前声音的有意识行动,具有个体主观努力的特征,是一种主动的行为。有些领导干部在工作中时常出现"一言堂"的情况,不听取其他人的意见,而是坚持己见,这样久而久之,也不会有人提出不同的意见。因此,在沟通过程中,部处长不仅要乐于倾听,还要善于倾听,要让对方知道你真的在意他说的话,否则沟通效果甚微。

(2) 要坚持原则。一是正确导向原则。部处长在沟通协调中不要"和稀泥"、做"老好人",应坚持用政策、法律作为协调的"底线",处理好协调的原则性与灵活性的关系。二是相互尊重原则。古人说:"爱人者,人恒爱之;敬人者,人恒敬之。"做好沟通协调工作,就要尊重他人。尊重是沟通协调的前提。只有相互尊重、相互理解、相互接纳、相互宽容,彼此认同人格上的平等,才能打消对方的疑虑,赢得对方的信任。三是及时协调原则。对工作中出现的问题要以适当的方式迅速协调,从而使各方都能够积极配合,保障工作的顺利完成。若不及时协调,就会积少成多、积小变大,甚至无法正常解决,积重难返。四是求同存异原则。有些领导干部看待问题过于片面,往往导致在协调过程中产生非此即彼的一些错误认知。因此,要从差异中寻求共同点,逐步解决"不同"的认识和问题。五是公正合理原则。"公生明,廉生威。"在沟通协调时,部处长凡事应出于公心,以政策法律、规章制度为准绳,以客观事实为依据,"一碗水端平",无论是表扬、奖励,还是批评、处分,都要不徇私情、不计恩怨、不分亲疏。

(3) 要换位思考。提高沟通协调效果,还必须做到因人因时因地不同而调整沟通协调的策略,在沟通与协调中坚持做到将心比心、换位思考,以打动沟通对象的心。部处长只有把自己置身于被管理者的角度感受自己的所思、所欲、所需,从自己的心理感受出发去体验被管理人员的心理感受,只有站在对方的位置和立场上来思考问题,才能更准确地理解对方的想法和心理状态,真正找到协调的结合点,增强沟通的针对性。在沟通协调中,部处长要善于发现别人身上的优点并懂得去欣赏,这样能使双方的距离更近。同时,要学会以诚相见。如果我们都抱着学习和谦和的心态去沟通,就会取得良好的沟通协调效果。

(4) 要善用技巧。要想在管理中充分展现任何远见卓识与出众的本领,掌握高明的沟通协调技巧必不可少。因此,掌握沟通技巧、提高讲话效率是加强领导者协调沟通能力的重要内容。有的领导干部认为沟通协调并不需要方法和技巧,但实际上如果不掌握正确的说话方法与技巧,就算你是真诚的、是宽容的,也很容易被人误解,从而使沟通协调变得十分困难。因此,掌握正确的沟通协调的方法和技巧是十分重要的。我们应该事先摸清对方诉求,言简意赅,直接说到对方心坎上。要把握时机,搞好沟通协调,时机十分重要。机不可失,时不再来。善不善于捕捉沟通的良机,是反映领导者思想水平和工作能力的重要标志。沟通与协调的时机一旦成熟,就必须立即实施,不能拖拉,尤其对是一些苗头性的矛盾,要有预判,做到及时沟通协调,防止矛盾积累激化。

(5) 要上下协调。任何一位领导,特别是中层领导,都具有双重身份特征,面对下属时,你是一个领导者,面对上级领导时,你是贯彻领导意图的一个中转站。这就要求部处长必须同时理解"上情"、理顺"下情",从工作实际出发把"上""下"有机结合起来。理解"上情",就是在沟通的过程中,机关部处长也应认真对待与上级的沟通协调。而在这方面,部处长经常会出现缺乏主动沟通的意识。上级领导工作往往比较繁忙,无法面面俱到,而有些部处长在这种情况下也不主动联系,只有出了问题的时候才想到要与领导沟通,但到那个时候就已经太迟了。因此,部处长首先要拥有良好的向上沟通的主观意识。要在尊重领导的前提下,有效表达不同意见,懂得智慧地说"不"。理顺"下情",就是除了保持与上级的沟通外,部处长还应真诚地与下级沟通。在领导关系中,上下级之间由于职位不同,往往会产生心理隔阂。下级对上级会有一种畏惧感,很多下级除非必要,从不主动与上级沟通,这样很多问题也无法顺利解决。为维持与下级之间的人际关系,部处长应尽可能与下级进行广泛而深入的接触,培养与下级的感情,通过与下级的交流,使下级产生认同感、归属感,调动下级的积极性。

(6)要积极反馈。反馈是沟通中的一个必要环节,良好的反馈不仅使沟通过程更加完整,而且可以通过不断印证双方的观点从而改善领导沟通的效果,反馈不及时则会对工作造成不良影响。比如,有时下级汇报上来的工作,领导干部由于手上工作太多,没能及时反馈,这样就使得流程拖沓了下来,如果下级没有提醒,说不定会继续拖沓下去,在时间快要截止的时候赶工,不仅会造成工作效率低下,而且工作质量也不高。因此,在沟通协调的过程中部处长应积极反馈,不仅仅是对上、下级进行反馈,也要适时适应新变化,善于同其他部处、广大师生交流,积极回应师生所盼,多做一些"顺气""解结""纳言""化怨"之类的工作。当然,沟通协调在多数情况下并非一次性就能够完成,应该是持续不断地进行。

(五)信息管理本领

当前,大数据在社会经济各个领域发挥的作用愈来愈重要,大数据的发展也为高校机关拓展了崭新的工作视野。建设一流的高校,必须有一流的高校管理机关。海量的数据信息,客观上要求高校机关加强信息化管理,创建系统的数据收集、整理、分析与信息共享的数据平台,为完成高校"立德树人"根本任务提供有力支撑。信息化管理是以信息化带动工业化、实现组织管理现代化的过程。它是将现代信息技术与先进的管理理念相融合,转变组织生产方式、经营方式、业务流程、传统管理方式和组织方式,重新整合组织内外部资源,提高组织效率和效益,增强组织竞争力的过程。信息化管理是组织为了达到其经营目标、以适量投入获取最佳效益、借助一些重要的工具和手段而有效利用组织人力、物力和财力等资源的过程。信息化管理不是IT(互联网技术)与高校管理简单的结合,而是相互融合与创新。信息化管理就是一个动态的系统和一个动态的管理过程。信息化管理的精髓是信息集成,其核心要素是数据平台的建设和数据的深度挖掘。这就对机关部处长的信息管理本领提出了很高的要求。

(1) 加强跨部处信息的统筹与协调。机关跨部处信息共享是一项涉及多个部门业务、触及多个部门利益的系统工程,需要多个部门的共同参与、协同作业,因此需要设计一套有效的跨部处业务流程,在战略层面进行规划,构建具有统筹协调能力的信息治理体系。具体建议如下:① 建立由各部处的一把手组成的信息治理委员会,负责制订机关信息共享的战略规划,针对信息共享过程中出现的复杂问题进行协商决策;② 建立专职的跨部处信息共享协调机构,该机构应当被赋予较高的权力,以便推进、落实信息共享工作,并对信息共享的全过程进行监督管理;③ 明确信息共享各环节参与主体的权利与责任边界,做好痕迹管理,使信息传播过程可见、风险可控,责任可以追究。

(2) 加快共享平台信息系统开发。打破"条""块"盲区,打破信息自采、自用、自成体系的"信息孤岛"局面,开发机关信息资源共享平台。搭建信息共享平台的目的是整合各部门目录数据,提供一站式查询服务,扩大信息共享范围,提升信息共享效率,促进机关信息管理的透明化。信息共享平台的各项功能直接影响信息共享利用效果。因此,平台设计应遵循以师生为中心的原则,为师生提供便捷的浏览、检索、导航、数据上传下载、维护等功能,尤其应加强目录数据库建设与平台检索查询功能,真正使信息共享平台成为各部处信息交换共享的中枢。以教务为例,学校建设统一的教务信息管理系统,内容涵盖教务教学、课程中心、学生管理、问题反馈等方面,学校可通过该平台发布通知公告、收集学生的反馈信息、查看网络精品课程等。信息化的数字管理平台可实现对数据的收集和分析,并且能融合多部门的相关数据,实现各部门数据的共享。通过多部门共享的数据,完善学校的各项业务流程,这就避免了出现"信息孤岛"现象。共享平台信息系统开发后,应当增加宣传力度,强化对各部门的业务培训,切实提高数据共享平台的利用率。

(3) 塑造部处长信息化领导力。部处长是机关部处信息化工作的带头人,是机关部处信息化工作的组织者,是学校信息化工作的践行者,这就要求提高部处长信息素养,塑造其信息化领导力。机关部处长信息化领导力,属于一种应对新型信息化管理过程的综合能力,是技术能力、领导能力二维融合的产物。一方面,部处长要有接受新型信息化理念的意识。信息化不仅仅代表着一系列的工具性的技术,更代表着一种先进的理念。从信息化校园到智慧校园再到智慧空间,部处长只有从理念上积极主动去理解、接受、应用、推广高校信息化建设,才能最大限度激发信息化为教育带来福利。另一方面,部处长要有应对信息技术应用问题的能力。信息技术应用过程中出现的问题主要分为技术问题和管理问题两方面。技术问题是技术本身应用的问题,管理问题是信息技术推广过程中涉及教师和学生应用中遇到的各种问题。信息技术应用过程中会遇到很多偶然的、突发的问题,这都需要部处长能够及时应对、创造性解决问题。

(4) 强化信息安全意识。随着信息化、网络化时代的到来,各领域开始广泛应用信息技术,促进了市场环境的变革与发展。在应用信息技术的过程中,部处长还要重点考虑信息安全问题。根据国际标准(ISO)和西方国家有关国家信息基础(NII)确定的最新的安全文件,信息安全包括信息的完整性、准备、密码和可靠性。在当今的大数据时代,信息安全是重点工作内容,在以计算机为载体进行信息传输的过程中,需要重点强调信息传输过程安全,以及网络系统安全。着眼于大数据技术的科学和有效应用,进一步提高对信息安全管理工作的重视程度。健全完善性的安全与保密体系,全面提高计算机系统信息安全传输效率和传输质量。同时,引进先进的计算机安全和加密技术,避免信息在计算机系统传输过程中,出现丢失、泄漏等不良风险。

(5) 提升全员的信息安全素养。信息安全素养是指在信息化条件下,人们对信息安全的认识,以及对信息安全所表现出来的各种综合能力,包括信息安全意识、信息安全知识、信息安全能力、信息伦理道德等具体内容。信息安全素养是工作人员整体素养的一部分,也是现代社会成员适应信息化条件下各项工作的基本能力之一。员工具有良好的信息安全素养是信息安全保障体系的重要基础,很多信息安全威胁都源于人。提高机关部处长与员工自身的信息安全素养,首先要培养大家树立信息安全责任意识,让每个人明白信息安全不是事不关己、高高挂起的事情,而是每个人的责任;其次要提高工作人员安全与保密操作素养,加强对网络信息数据储存的措施,健全计算机安全与保密法规、政策;最后要加强高校机关信息安全意识教育,建立和完善信息安全预警与应急处理机制。

(六) 公文写作本领

公文是学校机关上下沟通和政令传达的重要纽带,担负着传达贯彻党和国家重要方针政策的职能,具有很强的政治性和政策性。公文写作与处理是各级党政机关和企事业单位重要的工作,是行使职能的重要手段之一,也是沟通各级党政机关工作联系的重要纽带。公文写作本领的高低,直接关系到机关工作的质量和效益,关系到机关的形象。党的十九大报告提出:"要建设高素质专业化干部队伍,注重培养专业能力、专业精神,增强干部队伍适应新时代中国特色社会主义发展要求的能力。"作为机关部门的领导,部处长在日常工作中重视公文工作,大力提高本人或者本部门公务人员的公文写作本领,不仅有利于推进本单位或者本部门的业务工作,而且能够更好地服务于学校党政工作大局。

(1) 部处长对于公文写作与处理责无旁贷。熟悉机关公文,是对机关部处长最起码的要求。公文写作与处理能力应该是每个部处长所必备的。如果部处长不会起草文件,不会正确处理文件,是很难胜任本职工作的。然而,当前的现状是:一些部处长认为,公文写作是文秘人员的事情;一些部处长不是亲自起草公文,而是由文秘人员代劳。有少数部处长自身文字功底有所欠缺,加之工作时间和工作精力有限,往往把公文的起草和相关工作交给下属或者文秘人员完成,缺少审阅把关环节,导致公文写作能力得不到锻炼,文字水平得不到提升。更有一些部处长既不动手写,又不出思想,于是很多时候出现了领导开会念稿、照本宣科的情况。还有一些部处长在传达文件精神时由于对文件不熟悉,结果闹出了不少笑话。这样做,实际上是放弃了自己的领导责任,严重损害了党的领导作用和领导威信。此外,一些部处长没有正确遵守公文处理运转规则。例如,需传阅、批阅的文件,一些部处长阅批后没有及时退给文秘部门,而是自作主张横传给其他领导同志,事后不闻不问,文件因此"不翼而飞",致使文件丢失和运转失控。因此,做好公文写作与处理,领导者责无旁贷。

(2) 梳理积累是写作的基础。积累是写作的源泉和基础,写作是一个厚积薄发的过程,是一项将积累释放于一时的过程。要多读一些书,多积累一些对自己有用的书,经常翻一翻,看一看。积累越深厚,释放得就越精彩;积累越科学,释放就越有效。要有目的地读书,带着问题学,学以致用,才能牢记,才能变成自己的东西。首先,要系统地学习有关的理论,打好理论根底。只有理论素质提高了,才能头脑更敏锐,思维更活跃,眼光更长远,写出来的东西才能有正确的立场观点和深刻的思想内容以及不可动摇的逻辑力量。其次,要努力扩大知识积累,建立起适合自己的知识结构。我们每天都在接触知识,并在不自觉地进行着知识积累。在积累知识时,既要注意量的增长、面的扩大,还要注意根据自己的职务和专业分工,设计自己的知识结构,有目的地进行知识积累。在写作中用到这些知识时,不必每次都去查找。特别是工作中常用的条令条例、政策法规、基本数据,要十分熟悉。最后,勤奋地进行资料积累和思想积累。要积累资料,就要阅读资料,判断资料的价值及分类。如果由他人代劳,自己对资料内容没有印象,用时就无处查找。积累资料的过程,也是熟悉资料的过程。所谓思想积累,就是脑子要想事、装事,注意把一些一闪即逝的想法捉住,记下来,并加以联想。这些想法的产生就是进行思想积累的结果。

（3）机关公文写作应具备三种本领。① 熟练掌握和运用计算机的本领。网络化的时代，要求公文写作者必须具备操作计算机的本领，掌握计算机的各种知识，学会运用计算机管理、处理日常公文，建立相关的信息数据库，进行综合办公，并能做好网络办公的安全保密工作。② 善于调查研究的本领。调查研究，既是工作作风问题也是个本领问题。起草公文，要掌握充足的材料，而充足的材料，必须深入实际、善于调查研究才能获取。③ 较好的文字表达本领。文字表达本领，就是写作本领，主要指公文撰写本领。这就要求写作者不仅要懂得语法、逻辑、修辞和一般的写作知识，掌握各种文体的写作技巧，还要具备一定的理论修养、政策水平、业务知识、科学的思维方法，以及理解领会领导意图和获取信息的能力。从文字表达能力来说，写出来的稿子既要自己没有疑问，又要经得起上级和别人的质疑。

（七）驾驭风险本领

当前，国内外形势正在发生深刻复杂变化，我国发展仍处于重要战略机遇期，前景十分光明，但挑战也十分严峻。挑战严峻，就意味着"风险"不小、困难不少，意味着道路不平坦。中国在崛起之中，民族在复兴之中，事业在发展之中，斗争在进行之中，世界充满变数，格局不断变化，时有风云骤变，风险与机遇并存。习近平总书记曾警告全党，在长期执政条件下，各种弱化党的先进性、损害党的纯洁性的因素无时不有，各种违背初心和使命、动摇党的根基的危险无处不在，"四大考验""四种危险"依然复杂严峻，如果不严加防范、及时整治，久而久之，必将积重难返，小问题就会变成大问题、"小管涌"就会沦为"大塌方"。这就要求各级领导干部必须掌握驾驭风险的本领，才能应对"四大考验""四种危险"，赢得挑战。

毛泽东同志曾说："不论任何工作，我们都要从最坏的可能性来想，来部署。"邓小平同志也强调："我们要把工作的基点放在出现较大的风险上，准备好对策。这样，即使出现了大的风险，天也不会塌下来。"习近平总书记指出："增强驾驭风险本领，健全各方面风险防控机制，善于处理各种复杂矛盾，勇于战胜前进道路上的各种艰难险阻，牢牢把握工作主动权。"

（1）驾驭风险，首先在增强忧患意识，在于居安思危、知危图安。当前高等教育改革发展已进入关键时期，事业发展出现了一些突出矛盾和问题：如何解放有限的教师人力资源、如何提供切实有力的财政保障机制与措施、如何解决研究生扩招与结构的矛盾、如何把握好意识形态领导权、如何构建和谐校园等。俗话说，人无远虑，必有近忧。因此，对于现在的高等教育部处长应该有清醒的认识。部处长要进一步增强忧患意识。只有不断增强忧患意识，才能清醒地看到教育改革和发展过程中的困难和风险，从而始终保持开拓进取的锐气。机关部处长在分析国际国内形势、作出决策决断时，既要看到成绩和机遇，也要看到形势发展变化给我们带来的风险，要善于运用"底线思维"的方法，做到从最坏处着眼，做最充分的准备，朝好的方向努力，争取最好的结果。只有积极主动、未雨绸缪，见微知著、防微杜渐，下好先手棋、打好主动仗，做好应对任何形式的矛盾风险挑战的准备，才能心中有数、处变不惊。

（2）驾驭风险，其次在于完善风险防控机制。风险防控机制是指为防范和化解风险而以风险治理条件和治理能力为基础所建立、实施、维持和不断完善发展的治理性规范安排和基本做法。习近平总书记要求，要完善风险防控机制，建立健全风险研判机制、决策风险评估机制、风险防控协同机制、风险防控责任机制。只有健全各方面风险防控机制，才能打好防范化解重大风险攻坚战。

在风险防控上建立起统一指挥、运转高效的工作程序,妥善处理各种复杂矛盾。发挥制度优势维护校园安全、实验室安全、课堂安全,切实保障各领域的安全。保持清醒头脑,不墨守成规,尽可能把风险和矛盾消化在萌芽状态,牢牢把握工作主动权,更好地把中国特色社会主义高等教育事业推向前进。在新时代,机关部处长不仅要成为做好各项工作的先锋模范,而且要特别成为复杂形势下有效应对和化解风险的中流砥柱。

把脉"本领恐慌"

长期以来,机关部处长直接面对师生,承担着多项部处的基础工作。近年来,学校问责制度让部处长岗位压力很大。一旦发生问题,就要被追责,轻则批评,重则处分。为此,部分部处长深感"本领恐慌"。特别是有的部处长是从优秀教师提拔而来,他们对管理规律缺乏研究、不懂门道,对分管业务不熟悉,对最新政策一知半解,面对复杂问题缺少应对策略,工作总是落实不到位。有的部处长一有工作任务就给自己心头压块石头,食不甘味,寝不能安,甚至失眠,导致精神紧张、急躁易怒,出现强迫行为、注意力与记忆力降低、自我怀疑等状况,对家人和同事过分挑剔,性情多变,喜怒无常,对本职工作渐失兴趣,缺乏工作激情,从而对工作带来负面影响。

分析与启示

习近平总书记指出:"从总体上看,与今天我们党和国家事业发展的要求相比,我们的本领有适应的一面,也有不适应的一面。

特别是随着形势和任务不断发展,我们适应的一面正在下降,不适应的一面正在上升。如果不抓紧增强本领,久而久之,我们就难以胜任领导改革开放和社会主义现代化建设的繁重任务。"这是对"本领恐慌"的最好诠释。"本领恐慌"不是经济恐慌,也不是政治恐慌,而是面对新环境、新情况、新问题,缺乏做好工作的本领,以及由此产生的担忧、害怕和恐慌,其本质是本领危机,根源就在于疏于学习。"本领恐慌"严重影响了部处长的正常履职,必须克服"本领恐慌"。一是以学治"慌"。应对本领恐慌,我们唯一的选择就是学习,终身学习!要加强对部处长的各类培训,引导他们善于抓住各种机会学习。要坚持问题导向有选择地学习,结合工作实际,需要什么学什么,缺什么补什么。学习中要多思考,通过思考把学习到的知识转化成自己的本领。二是发扬不懈奋斗的精神。一些干部一旦当上领导即认为大功告成,不再谦虚谨慎,不再刻苦学习,忙于应酬,在事业上无所作为。这就要求部处长必须不忘初心、牢记使命,系统掌握马克思主义理论,练就看家本领,增强本领意识,保持紧迫感和危机感,大力弘扬知难而进、一往无前的奋斗精神,在工作中克服"本领恐慌症"。否则,必然难有作为,会被群众所鄙弃,被时代所淘汰。三是要做好入口关的心理建设,减轻干部的消极体验。在干部录用、提拔之前,由组织进行事先明确告知其岗位的工作压力情况,让他们对新工作有较全面的认知。要将同理心较强、人际关系和心理素质好的人才吸收进干部队伍。

三、提升履职能力

打铁还需自身硬。机关部处长要增强履职尽责的本领,只有不断加强学习和自身修养,提升履职尽责能力,才能更好地为师生办实事办好事。习近平总书记在2020年秋季学期中央党校(国家行政学院)中青年干部培训班开班式的重要讲话中强调,"干部特别是年轻干部要提高政治能力、调查研究能力、科学决策能力、改革攻坚能力、应急处突能力、群众工作能力、抓落实能力,勇于直面问题,想干事、能干事、干成事,不断解决问题、破解难题",这一全面、系统的论述,为领导干部如何解决问题、破解难题指明了方向。

(一)政治能力

习近平总书记强调,党的政治建设落实到干部队伍建设上就要不断提高各级领导干部特别是高级干部把握方向、把握大势、把握全局的能力,辨别政治是非、保持政治定力、驾驭政治局面、防范政治风险的能力,善于从政治上分析问题、解决问题。会不会、能不能、善不善于从政治上来看待和解决问题,反映出一名领导干部的政治水平和政治能力。不可否认,现实中一些忽视政治、淡化政治的问题还比较突出:有的领导干部不善于从政治上看问题,把政治和经济、政治和技术、政治和业务割裂开来;有的领导干部政治站位不高,全局观念不强,总认为讲政治是务虚的、谈政治是唱高调；有的领导干部缺乏政治担当，对错误言论不敢亮剑，对不良风气听之任之……这些政治上的问题，对党的危害不亚于腐败问题，有的甚至比腐败问题更严重。政治能力是第一位的，也是管总、管根本的。有了过硬的政治能力，机关部处长才能做到自觉在思想上政治上行动上同以习近平同志为核心的党中央保持高度一致，保持政治定力和战略定力，切实担负起党和人民赋予的政治责任。

（1）切实提高政治能力，要求机关部处长增强政治敏锐性和政治鉴别力。机关部处长要做守政治纪律、讲政治规矩的表率。要毫不动摇地把握正确政治方向，坚持中国共产党领导和中国特色社会主义制度。抗击新冠肺炎疫情斗争的实践再次证明，中国共产党是风雨来袭时中国人民最可靠的主心骨，中国特色社会主义制度是抵御风险挑战的最有力制度保证。要练就一双政治慧眼，在任何时候任何情况下都能"不畏浮云遮望眼""乱云飞渡仍从容"。在工作中对容易诱发政治问题特别是重大突发事件的敏感因素、苗头性倾向性问题，要准确研判、快速处置，下好先手棋、打好主动仗。防止和克服分不清是非、辨不明方向的"政治麻痹症"。制定政策、部署任务、推进工作时，应经常对表对标，及时校准偏差，坚决纠正偏离和违背党的政治方向的行为。克服在政治是非面前置若罔闻、任其蔓延的消极态度和行为。

（2）切实提高政治能力，要求机关部处长提高政治研判力。高校是人才培养和文化传承的重要基地，是各种思想文化交流交融交汇的地方，是意识形态工作的前沿阵地，应从维护国家政治安全和人才培养的战略高度深刻认识高校意识形态工作的重大战略意义。这就要求部处长坚持马克思主义在高校意识形态领域的指导地位，在政治是非面前保持清醒头脑，自觉坚定地同错误思想作斗争;切实负起政治责任和领导责任,严格落实意识形态工作主体责任,加强对意识形态领域重大问题的分析研判,善于从政治上研判新形势、分析新问题,一切服从和服务大局,并结合本部门实际创造性地贯彻落实。

(3)切实提高政治能力,要求机关部处长自觉加强政治历练,增强政治自制力,始终做政治上的"明白人""老实人"。实践是淬炼领导干部的大熔炉,也是检验政治能力的大考场,加强政治历练是提高部处长政治能力的必要途径。一要久久为功。提高政治能力不是一日之功,而是要长期在实践中历练。提高政治能力,要做到持之以恒,锲而不舍,驰而不息,善始善成。只有在长期的实践中磨炼,才能在经历各种复杂的挑战后积累政治经验,历练政治智慧,淬炼政治品格,增长政治才干。二要经受考验。宝剑锋从磨砺出,梅花香自苦寒来。部处长要以"功成不必在我"的精神境界和"功成必定有我"的历史担当,经受各种艰难环境考验,从而使政治能力得到提高和检验。

(二)调查研究能力

调查研究是马克思主义形成的重要基础,是中国共产党的优良传统。调研能力不仅要形成一种务实的工作作风,还应当成为领导工作的基本功。广泛深入的调查研究是部处长科学决策的重要前提。毛泽东曾经说过,调查研究是领导工作的首要任务,没有调查就没有发言权。习近平指出,调查研究是谋事之基、成事之道。没有调查,就没有发言权,更没有决策权。只有通过调查研究,努力掌握全面、真实、丰富、生动的第一手材料,真正搞清楚本地区本部门本单位的实际情况,真正搞清楚影响改革发展稳定的突出问题,真正及时了解人民群众的所思所盼,我们才能真正掌握客观实际中的"实事",做到耳聪目明、心中有数。机关部处长只有带着对广大师生深厚的感情和对党的教育事业寝食不安的负责精神,沉到第一线调查研究,问政于师生、问需于师生、问计于师生,重视广大师生的合理诉求,充分发挥广大师生的积极性、主动性和创造性,才能广泛地捕捉、集聚、掌握各个方面信息,做到"笼实情于形内,收妙计于锦囊",探索和寻找解决问题的新思路、新途径、新方法,有针对性地采取措施,保证决策的科学性和最优化。

提高调查研究能力要处理好两个关系,首先是调查与研究的关系。既要扎扎实实搞好调查,又要下大气力深入研究。在调查研究工作中,调查处于根本性、基础性的地位,它直接决定着研究的正确与否、质量高低。这就要求部处长在实际工作中,深入教学科研一线走访调研,深入课堂、实验室、食堂和学生宿舍进行调查,及时、全面、准确地了解师生实际情况及其民意,为干好工作奠定坚实的基础。研究是调查的深化。部处长必须在全面、准确调查的基础上,把调查研究作为理论学习和问题解决的桥梁和纽带,及时发现工作中出现的新问题、新情况,然后运用马克思主义基本原理,吸取现代科学成果,进行深入的理性思考,提出解决办法,不断总结经验、教训,促进机关工作的不断提高。从一定意义上说,最有价值的调研能力,是总结下属部门和广大师生员工成功经验的能力。其次是成果与应用的关系。调研的目的是出成果,成果的目的是应用。必须做好调研成果转化应用,如果成果不能实现转化应用,那就失去了意义。因此,搞好调研工作首先要注重出成果,出了成果以后,要千方百计地使成果转化为应用,成为指导机关工作实践或领导决策的依据或参考。这就要求我们在调研工作中必须注意克服"为调研而调研""为写文章而调研"的倾向。对调查研究过程发现的问题,要以强烈的自我革命精神,带头抓好问题的整改落实,对调查研究过程中形成的好思路好想法,要转化为具体的行动计划和工作方案,切实解决问题、改进工作。

(三) 科学决策能力

科学决策是领导工作的重要方面,是一切工作成功的前提。具有科学决策能力,是执政党和现代社会对领导者、管理者的基本要求,是领导干部应当具备的真功夫。机关部处长处在决策的重要位置,肩负着带领部门员工加快高校发展的责任。因此,不断提高战略决策能力,是新形势下加强和改进高校党的建设、提高部处长领导水平和管理能力的题中应有之义。做到科学决策,机关部处长应把握好以下几个方面。

(1) 要开展可行性研究,善于综合分析。科学决策是决策者在正确的理论指导下,按照科学程序和方法作出的决策。做到科学决策,就要开展可行性研究,多方听取意见,综合判断,科学取舍。可行性研究就是对决策方案进行评估和论证。决策方案带有一定的主观性,在现实工作中,决策方案实施的结果与决策目标不相吻合、相去甚远的情况时有发生,一个重要原因就在于缺乏科学有效的可行性研究。为此,要注重决策的专业性、精准性,尊重科学、尊重规律,组织专家进行参谋和设计,征询他们的意见和建议,同时,还要与实际工作者进行实地推敲,多方会谈,结合实际进行修订和完善,弄清变数,查漏补缺等等。这样做出的决策,就会形成一套完善的体系,就能更好地开展工作。不能简单拍板、随意决策,更不能独断专行、一意孤行。

(2) 做好统筹兼顾。在机关部处建设中要做到科学决策,就必须坚持统筹兼顾的科学方法,用发展的而不是静止的、联系的而不是孤立的、全面的而不是片面的观点看问题，抓建设，促发展，使工作具有前瞻性和预见性。在决策过程中，决策者应充分考虑遇到问题的复杂性、关联性，增强风险意识，努力用全局的、发展的视野审视问题，用系统的、辩证的方法对问题及解决方案进行全面分析、整体设计和优化选择，弄清楚决策对象与外部相关因素的关联及相互影响，避免决策顾此失彼，"按下葫芦浮起瓢"。要抓住关键，突出重点，统筹兼顾，正确处理全局与局部、眼前利益与长远利益的关系，在局部利益与整体利益发生矛盾时，要以大局为重，自觉主动地服从整体利益。在决策时，要自觉地把本单位、本部门的工作放到全校的大局之中来考虑，而不能无视大局，片面强调本单位、本部门的利益，置全局利益于不顾。

（3）健全和完善领导机制。正确的领导方式有利于决策的科学化和民主化，是提高决策质量、增强战略决策能力的重要途径。首先，要着力构建权责统一的分工机制，发挥部处领导班子整体合力。领导成员科学的分工是确保部处领导班子有效有序运行的基础。按照"充分授权，各负其责"的原则，对部处领导班子进行合理分工，做到工作量大致均衡，责、权、利相统一。在此基础上，推行领导干部权力清单与职责清单"两张清单"制度，对班子成员该行使什么权力、承担什么责任予以公开并明确规定，减少自由裁量权。其次，要着力构建务实高效的执行机制。抓落实既是工作要求更是政治要求，不抓落实，决策部署就是空中楼阁、一纸空文。按照"谁分管、谁负责"的原则，实行目标责任制。对部处决策进行责任分解量化，落实到分管领导和责任部门。最后，要着力构建系统有效的监督机制。强化监督是推进领导班子科学运行的重要保证。加强对一把手监督。认真落实民主生活会制度，严肃开展批评与自我批评，强化班子成员相互监督。

（四）改革攻坚能力

当前，高校面临的形势更加复杂、立德树人的任务更为艰巨，迫切需要广大领导干部奋发有为、改革攻坚。习近平总书记强调，"惟改革者进，惟创新者强，惟改革创新者胜"。面对当前世界百年未有之大变局，领导干部特别是年轻干部提高改革攻坚能力是时代应有之义。面向未来，我们要全面推进学校机关部处各项工作，尤其是贯彻新发展理念、推动高质量发展、构建新发展格局，继续走在时代前列，仍然要以全面深化改革添动力、求突破。

(1) 改革攻坚要把干事热情和科学精神结合起来。改革攻坚需要魄力、勇气和能力，要保持越是艰险越向前的刚健勇毅。一方面，领导干部满怀干事创业的热情，是做好一切工作的前提。在攻坚克难中，遇到挫折困难在所难免，只要满怀热情，永葆积极向上的心态和敢于碰硬、雷厉风行、真抓实干的精神和锐气，始终保持一种痴劲、钻劲、韧劲、干劲，经受得住挫折的"考验"和"打磨"，久久为功，总会找到工作的突破口。这种热情不会因为年龄的增长而衰退，也不会因为个人境遇的改变而改变。另一方面，要坚持用科学态度对待改革，这是做好一切工作的保障。攻坚克难不能仅凭一腔热血，要弘扬实事求是、求真务实的科学精神，用辩证的方法分析、解决实际问题，全面深入开展调查研究，使出台的各项改革举措符合客观规律、符合工作需要、符合群众利益。在现实中，诸如鸵鸟心态、形式主义、弄虚作假、故步自封等各种影响改革深入推进的"拦路石"不容小觑，说到底还是违背了实事求是的科学精神。从全面辩证的角度看，领导干部只有把干事热情和科学精神结合起来，才能通过现代科学理念和方法将美好蓝图变为现实。

(2) 改革攻坚要有正确方法，坚持创新思维。创新思维是指以新颖独创的方法解决问题的思维过程。习近平总书记系列讲话反复倡导提高领导干部的创新思维能力。他指出,生活从不眷顾因循守旧、满足现状者,从不等待不思进取、坐享其成者,而是将更多的机遇留给善于和勇于创新的人们。因此,机关部处长要高度重视创新思维能力的提高。首先,要保持锐意进取的精神风貌。改革创新的本质在"进取"。部处长必须时刻保持良好的"精神风貌",骨子里要有一种勇于变革、勇于创新、勇于担当的精神,有一种决不服输的韧劲,有一种迎难而上的气概。如果遇事消极疲沓,萎靡不振,不求有功,但求无过,多一事不如少一事,那他必定故步自封、原地踏步,更谈不上勇于开拓、勇于创新。其次,要善于结合实际创造性推动工作。机关各个部处情况千差万别,任务林林总总,部处长增强改革创新本领,必须紧密结合部门实际、岗位实际,干中学、学中干,切实把学习的成果转化为推进改革发展的强大动力。要坚持问题导向,紧密联系教育改革发展中的重大理论与现实问题、师生关心的热点难点问题,进行深入学习思考,不断提高处理复杂问题、驾驭复杂局面的能力。最后,要善于运用互联网技术和信息化手段开展工作。互联网在带来便利的同时,也对工作提出了更高的要求。面对新变化、新要求,部处长必须学网、懂网、用网,不断提高对互联网规律的把握能力、对网络舆论的引导能力、对信息化发展的驾驭能力、对网络安全的保障能力。把信息化的功能广泛地运用在实际工作中,取得"事半功倍"的效果,提升行政效率。要学会通过网络走群众路线,运用网络了解师生民意、开展工作。

(五) 应急处突能力

应急处突能力,主要是对所发生的突发公共事件的应对和处理。习近平总书记强调,领导干部要提高应急处突的见识与胆识,对可能发生的各种风险挑战,做到心中有数、分类施策、精准拆弹,有效掌控局势、化解危机。就高校而言,大学生朝气蓬勃、思想活跃、文化程度高,与普通的社会突发公共事件相比,校园突发公共事件有着鲜明的特点:信息传播速度快,社会舆论影响大,事件参与人数多等。这给高校处置校园突发公共事件带来巨大的压力,也给部处长的应急处突能力提出了很大挑战。着眼于应急处突的全过程和多领域,应急处突需着重提升以下三种能力。

(1) 提升预判风险能力。习近平总书记强调,预判风险是防范风险的前提。领导干部要有"草摇叶响知鹿过""松风一起知虎来""一叶易色而知天下秋"的见微知著能力,对潜在的风险有科学预判,要增强风险意识,"下好先手棋、打好主动仗",做好随时应对各种风险挑战的准备。部处长要充分认识应对处置好校园突发公共事件,对于保持高校稳定的政治环境和教学秩序的重要意义。部处长提升应急处突的能力,就要在应急处突的过程中学会预判形势和走向,深入研究社会热点问题,充分关注师生切身利益,不断增强辨别处理各类突发事件的敏锐性,认真分析各类信息并作出准确研判,防患于未然,尽可能把风险和矛盾消除在萌芽阶段,做好事前的判断、源头的处理、动态的管控以及应急完善的一系列过程。

(2) 提升决策指挥能力。应对处置校园突发事件,一分一秒都显得异常宝贵,严密高效的组织指挥是实现处置效果最大化的决定因素。面对突发公共事件,部处长一定要尽快到达现场了解情况、快速反应、做出决策。部处长必须始终保持科学冷静的头脑,在基本判明事发原因和对可能带来的损失等进行科学判定之后,立即部署处置力量,尽量将事件控制在最小范围里,以避免事态扩大,以及对学校师生工作学习生活造成不良影响。同时,要密切注意网络上的言论和关注点,利用各类媒体,澄清无事实根据的"小道消息",把握舆论导向,稳定师生情绪。

(3) 提升依法应急能力。依法应急是做好应急管理的根本保障。习近平总书记指出,"要坚持依法管理,运用法治思维和法治方式提高应急管理的法治化、规范化水平"。越是紧急的时候越要求领导干部坚持依法防控,在法治轨道上统筹推进各项防控工作,保障各项应急处置工作顺利开展。部处长处理应急事件,必须恪守底线,在法律允许的范围内行使自由裁量的权力,有效避免不作为、乱作为现象。对此,部处长要加强对《中华人民共和国突发事件应对法》《突发公共卫生事件应急条例》等应急管理相关法律法规的学习,坚持依法管控和依法处理突发公共事件。要敢于"亮剑",引导师生依法支持和配合学校的应急管理工作。同时,加强法治宣传和法律服务,营造良好社会舆论氛围,确保应急工作在有序的环境中进行。

(六) 群众工作能力

群众工作是一切工作的基础。密切联系群众,善于开展群众工作,全心全意为人民服务,同人民群众保持血肉联系是中国共产党的优良传统和政治优势。群众工作能力是党的各级干部必须具备的最基础、最核心的能力,高校机关领导干部特别是年轻干部尤其需要提高这种工作能力。机关部处长群众工作能力的提升,必须建立在对新发展阶段国情、校情的准确理解和全面把握之上,主动将群众工作创新置于社会转型、社会主要矛盾转变和当前重大突发公共卫生风险三者交织共存的社会氛围当中,既要有强烈的历史使命感和时代责任感,也要提升为群众服务的能力,多为人民群众办实事、办好事。

（1）要树立群众第一的观点。要强化机关部处长服务群众的意识，深入贯彻以人民为中心的发展思想，带领群众、引导群众、组织群众，一切为了群众，一切依靠群众。学校推进"双一流"建设，需要卓越的管理和服务。部处长只有把学校发展和广大师生利益摆在第一位，才能不断提高管理和服务水平。只有拥有能"听群众讲"的胸襟和智慧，才能心中有群众。部处长要强化一切为了师生、一切依靠师生、从师生中来、到师生中去的群众观点，引导广大党员干部牢固树立全心全意为师生服务的宗旨意识。部处长要心中装着师生，把师生的心声变为自觉行动，在办学治校中充分体现出来。

（2）要完善沟通机制。沟通机制是机关部处长联系服务群众的"连心桥"和纽带，有利于畅通上情下达和下情上传渠道，使党的方针政策及时传达，群众的意见和建议及时传递。首先，完善群众诉求表达机制。完善群众诉求表达机制有利于保证教职员工及时充分地表达自己的意愿和利益诉求，让学校及时了解和掌握群众所思、所盼、所求、所怨，使工作有的放矢。其次，要完善解决和反馈机制。如果群众提出了问题而杳无音讯，就会挫伤群众的积极性。要通过完善的解决反馈机制，保障教职员工的知情权。因此，要建立起明晰权责、明确表达渠道、限时解决问题、及时反馈的沟通机制，使群众的利益得到切实的维护。

（3）要创新群众工作方式。当前高校群众工作中面临着更多的新挑战，部处长应该深入群众中去调研，准确掌握新形势下群众工作各个方面的实际情况，了解实际需求，做到有的放矢、科学决策，并及时有效地总结出相关的经验和创新方式。要以民生为着力点，解决好教职员工切身利益问题。民生问题是一个关乎广大人民群众的生计、生活、生存与发展等根本利益的问题。做好高校群众工作，部处长要关心他们的疾苦，将心比心，换位思考。要针对高校群众工作的新情况、新问题，了解教职工最关心、最直接的利益诉求，并尽量满足不同教职工的利益诉求，让教职员工能够在其中得到实实在在的利益，这样既有利于人才积极性的发挥，也是高校得到稳步发展的重要保证。

（七）抓落实能力

一分部署，九分落实。习近平总书记在讲话中对提高抓落实能力提出明确要求。抓落实历来是我们党重要的政治优势和重要法宝，也是高校机关解决问题、推动发展的关键所在。事业是干出来而不是喊出来的，抓落实能力是我们党政治路线、思想路线和群众路线的根本要求，也是领导干部的基本功。抓落实是高校贯彻落实党的教育方针政策、改善高校干部作风、提升执行力的重要"方法论"。落实的关键在于执行，执行的目标是落实。再好的规划蓝图、大政方针，也要靠领导干部的抓落实能力，才能落地生根开花结果。高校部处长提升执行力必须狠抓落实，保证党的各项教育方针政策和立德树人的根本任务得到不折不扣地贯彻落实。

所谓抓落实，就是在科学理论指导下的行动力。一个领导干部，遇到事情不仅要想该不该做，而且要想怎么做、用什么方法做、什么时机做、做到什么程度，等等。邓小平同志曾经一针见血地指出："世界上的事情都是干出来的，不干，半点马克思主义都没有。"这就需要大量实践经验的积累和实践理性的提升来强化行动力。行动力是领导干部的必备能力，也是党的生命力。没有强有力的执行力，任何事情都只是虚谈。再好的规定，如果不行动，就会形同虚设；再完善的制度，如果行动不力，也会流于形式。"空谈误国，实干兴邦。"领导干部的行动力决定着党和政府决策部署的贯彻落实，关系着事业的兴衰成败。因此，不断提高各级领导干部的执行力，既是领导干部履职尽责的基本要求，也是确保全面改革各项目标任务顺利实现的重要保证。新时代高校机关部处长的善于有为最终要落实到行动上，落实到"立德树人"实践中，必须做到学思用一致、知信行统一。

但真要落实到行动上，总是存在着这样那样的问题，主要体现在以下两个方面：第一，部处长的态度不够积极。比如，针对一个简单的问题，却可以无休止地开会，最终也没有得出实质的结果，不仅浪费了时间，还影响了工作。这就是领导干部工作态度不够积极的表现。第二，缺乏创新意识。在工作时，领导干部普遍存在着因循守旧的问题，虽然可以维持稳定，却无法促进高等教育的进一步改革发展。这两个问题要求部处长以工匠精神对待事业，耐得住寂寞，少些好大喜功、急功近利，多些真抓实干、为官善为。我们唯有牢固树立坚韧的行动观念，敢于啃硬骨头，敢于涉险滩，敢于以"踏石留印、抓铁有痕"的决心，以"踏平坎坷成大道，斗罢艰险又出发"的顽强意志，以积极乐观的态度去推进我们的教育事业，在勤恳工作中享受人生乐趣，实现人生价值。此外，应当把创新放在突出位置。习近平总书记强调："抓落实的过程，必然会遇到许多矛盾和问题，只有努力解决好各种矛盾和问题，才能把落实工作真正抓好、抓出成效。"机关部处长要做高效有力的行动者，不但要学会按教育规律办事，善于处理执行过程中出现的各种困难和矛盾，在推动教育改革发展中善谋事、干成事，还要有一点"闯"的精神，有一点"冒"的精神，敢于突破思维定式和传统经验的束缚，不断寻求新的思路和方法，在大胆创新中不断增强行动力、提升工作水平,以"钉钉子"的精神抓落实,一干到底,我们的目标就会逐步有效实现。

部门里不养"小白兔"

在事业单位的行政管理岗位上,总能发现这么一群人,他们能力中等,工作积极性时有时无,对部门领导的要求和布置的工作任务不发表意见,工作不出错但执行效率差,工作能做完,但是要提升工作效率和品质,则很抱歉。这种工作能力中等,不会犯错误,创造性、创新性思维不多的员工被统称为"小白兔"。当他们通过熬时间、等岗位进入管理层时,就出现了人力资源管理过程中的"死海效应",团队自上而下的创新驱动力不足,人浮于事表现突出。更有甚者,只能通过不断增加人员编制而不是通过增能来化解工作任务的增加。

分析与启示

面对案例中这样的工作团队,首先,要厘清部门工作总量及基本业务构成,使现有的工作在量上能保持基本稳定的状态。其次,对于长期从事单一岗位、工种的人员要及时通过岗位调整的方式进行轮岗,在新岗位上赋能。最后,对于不愿自我提升、只肯维持简单工作的员工,要通过思想教育、职业培训的方式积极引导;对因家庭原因,确需从事基础性工作,特别强调"朝九晚五"的人群,要想办法把简单工作的工作效率提起来,用好这一类人熟悉基础业务的优点,做好部里历史资料和基础性信息的整理、分析和研究,提升业务能力。

"鞭打快牛"要适度

在部门里,每个人的工作效能是不一样的,对一些工作表现突出的人要给予特别的关心和保护,不能"鞭打快牛",把工作堆给一个人或某几个人干,形成其他人"作壁上观"、以关心的名义对努力工作的人"指指点点"的不良风气。

分析与启示

部门里的"快牛"有好几种。第一种是刚入职的青年人,对所有要从事的工作都充满了热情,但业务基础较弱,规则意识需要培养,这时需要通过安排资深的"师傅"带好"徒弟"——既是手把手的知识传授,又能在其他人"关心"时帮"徒弟"挡一把,暖青年人的心。第二种是处于事业上升期的业务骨干,综合业务能力强,不挑活儿,肯付出。这样的"快牛"既要压担子,更要"惜才、爱才、用才""不压制、勤铺路",在发展空间和出路上为其做好铺垫。当外部有好的工作岗位、发展空间时,要懂得"忍痛割爱",让业务骨干快速成长起来。第三种是部门沉淀下来的业务骨干,临近退休,业务熟练,在做好思想工作、充分尊重的基础上,可以起到部门"定盘星""压舱石"的作用,这样的干部要充分尊重,放权使用,使其发挥出"不用扬鞭自奋蹄"的效能,带动部门中青年干部的工作积极性,形成工作层面与部门班子的互动和同频共振。

制 度 篇

制度具有根本性、全局性、稳定性和长期性,是事业发展的重要保障。机关部处长要规范部处制度订立,将同一系列改革的政策和措施有机结合起来,做到同步设计、同步制定、同步实施,使治理创新中成熟的经验和做法适时上升为制度,使制度体系更加系统完备,提高决策科学性,增强措施协调性。

制度的生命力在于执行。制度一经制定,必须严格执行。机关部处长要带头提高制度执行力,在制度的轨道上推进各项工作,不断把制度优势转化为治理效能。

一、常用制度问答

（一）人员管理类

1. 部处长可以校外兼职吗？

答：严禁领导干部在企业兼职，凡有兼职者必须向组织部门如实报告并退出兼职岗位。领导干部在社会团体兼职（包括学术性社会团体兼职）的，必须按干部管理权限向组织部门报批，未经批准的不得兼职；兼职不得领取社会团体的薪酬、奖金、津贴等报酬和获取其他额外利益，也不得领取各种名目的补贴等。

2. 部处长可以参加社会化培训吗？

答：严禁部处长参加高收费的培训项目和名为学习提高、实为交友联谊等培训项目。部处长个人参加其他面向社会举办的各种非学历教育、学历教育和在职学位教育等教育培训，必须按照干部管理权限向组织人事部门报批，未经批准不得擅自参加。部处长个人参加其他非高收费的社会化培训，费用一律由本人承担。

3. 部门开展人员培训应注意什么？

答：严禁借培训名义安排公款旅游、组织会餐或安排宴请。严禁使用培训费购置电脑、复印机、打印机、传真机等固定资产以及开支与培训无关的其他费用。严禁在培训费中列支公务接待费、会议费。严禁套取培训费设立"小金库"。除必要的现场教学外，7日以内的培训不得组织调研、考察、参观。

师资费是指聘请师资授课发生的费用，包括授课老师的讲课费、住宿费、伙食费、城市间交通费等。讲课费（税后）执行以下标准：副高级技术职称专业人员每学时最高不超过500元，正高级技术职称专业人员每学时最高不超过1000元，院士、全国知名专家每学时一般不超过1500元。讲课费按照实际发生的学时计算，每半天最多按4学时计算。

4. 部门如何招聘管理人员？

答：除国家政策性安置、按干部人事管理权限由上级任命及涉密岗位等确需使用其他方法选拔任用人员外，学校党政管理岗位均实行统一公开招聘。各单位根据工作需要、空岗情况提出招聘需求，学校统筹制定年度招聘计划，并启动公开招聘工作。按照《复旦大学党政管理岗位统一公开招聘实施办法》，经资格审查、笔试、面试、校管理岗位公开招聘工作小组审议、体检、审批、公示等规定程序招录党政管理人员。

5. 部门对非在编在籍人员的日常管理主要有哪些内容？

答：对于非在编在籍人员的日常管理，由接收或使用非在编在籍人员的部门具体负责，主要内容包括以下5项。

（1）做好非在编在籍人员的进校（接收）和离校（辞退）工作；

（2）做好非在编在籍人员的登记备案；

（3）确定并落实非在编在籍人员的在校时间及各项校内权限；

（4）制定非在编在籍人员的工作职责、管理制度以及相关安全要求。对于涉及实验室项目、特种设备操作、危化品管理等安全重点领域的非在编在籍人员，必须严格按照国家法律法规及学校规章制度，签订安全责任书，落实安全责任；

(5) 掌握非在编在籍人员的日常情况,定期排查隐患并及时妥善地进行处置。

非在编在籍人员管理系统对校内非在编在籍人员实行统一管理与备案,非在编在籍人员入校前须提前向保卫处登记备案并办理校园一卡通,离校时应及时注销登记并退还校园一卡通。

接收或使用非在编在籍人员的部门,可根据实际需要为非在编在籍人员向相关部门申请开通门禁、餐饮、借阅图书等校园权限。非在编在籍人员违反国家法律法规或学校相关管理规定,应承担相应的责任,接收或使用的部门须配合执法部门及相关职能部门进行处置。因管理缺失导致非在编在籍人员的行为给学校造成严重后果或产生恶劣影响的,接收或使用非在编在籍人员的部门和相应职能部门要承担责任。

(二) 公务接待类

1. 公务接待对象有哪些?

答:一般公务接待由承接单位主要负责人审批。对无公函的公务活动不予接待,严禁将非公务活动纳入接待范围。未经审批的活动,或未纳入活动方案的人员,一律不予公务接待。不得要求将休假、探亲、旅游等活动纳入国内公务接待范围。

2. 公务接待不能开支哪些费用?

答:禁止在接待费中列支应当由接待对象承担的差旅、会议、培训等费用;禁止以举办会议、培训为名列支、转移、隐匿接待费开支;禁止向下级单位及其他单位、企业、个人转嫁接待费用;在接待过程中,不得组织旅游和与公务活动无关的参观,不得组织到营业性娱乐、健身场所活动,不得安排专场文艺演出;严禁用公款购买赠送礼品、礼金等,同时也严禁违规收受礼品、礼金、消费卡等财物。

3. 公务接待该如何安排住宿？

答：接待本市单位的公务活动，除确有需要外，不安排住宿。需要安排接待对象住宿的，接待单位可以提供帮助。住宿用房一般安排在校内，以标准间为主，接待省部级干部可以安排普通套间。不在房间内摆放花篮、果篮，不得额外配发洗漱用品。

4. 公务接待该如何安排用餐？

答：接待本市单位的公务活动，除确有需要外，一般不安排用餐。确需安排工作餐的公务接待，原则上安排在校内，需在外安排的，不得使用私人会所、高消费餐饮场所。接待对象在10人以内的，陪餐人数不得超过3人；超过10人的，不得超过接待对象人数的三分之一。原则上安排工作盒饭或自助餐，日常用餐标准每天不超过100元/人。接待单位可视情况安排一次工作餐，用餐标准不超过150元/人。工作餐应当供应家常菜，不得提供鱼翅、燕窝等高档菜肴和用野生保护动物制作的菜肴，不得提供香烟和高档酒水。随行工作人员客饭不超过50元/人。

（三）出国（境）差旅类

1. 因私出国（境）应注意什么？

答：机关部处长因私出国（境）应严格按照审批程序办理因私出国（境）事宜。因私出国（境）原则上不得占用上班时间，不得擅自变更因私出国（境）行程、日期，严禁使用因私护照出国（境）执行公务。因私出国（境）的领导干部应按规定在回国（境）后10天内将所持因私出国（境）证件交党委组织部集中保管。申领新证件的领导干部，应当在取得证件后的30日内向学校进行申报，并提交有关证件。

2. 因公出国（境）应注意什么？

答：机关部处长因公出国（境）应严格执行公务出访计划，严格按照规定程序办理报批手续。不得安排照顾性、任务虚多实少、目的实效不明确或者考察性出访，严禁安排无关人员"搭便车"出国（境）。严格执行中央和教育部有关出访次数、出访天数、出访国家和地区数和团组规模的规定。邀请单位和邀请人应当业务对口、级别对等，不得通过旅行社或者中介机构联系办理邀请函。严禁以各种名义前往未报批国家（地区），包括未报批的"申根国家"和互免签证国家。严禁未经批准擅持因私证照出国（境）执行公务或采取公派批准而擅持因私证照出访。严格按照出访任务规范境外活动安排，严禁变相用公款出国（境）旅游，实质性公务活动时间应占在外日程的三分之二以上。因公出访要严格按照因公临时出国（境）有关规定进行，不得擅自延长出访时间、擅自更改行程、超标准列支费用等。外事出访应当严格按照规定乘坐交通工具。外事活动或者出访期间外方所赠礼品，应当严格按照有关规定，进行登记、移交、处置和利用；向外方赠送礼品，应当注重特色、意义和实效。出国（境）证件必须提交组织集中统一保管。

3. 国内差旅应注意什么？

答：机关部处长国内出差要向分管校领导报告，不得进行无明确公务目的的差旅活动。不得进行异地部门、学校之间无实质内容的学习交流和考察调研。不得虚构出差事由、虚列出差人员。不得以各种名义变相公款旅游。出差人员应当按规定等级乘坐交通工具。未按规定等级乘坐交通工具的，超支部分由个人自理。因健康原因或其他突发情况，需要乘坐超过规定等级交通工具的，经审批后，可乘坐上一级别标准的交通工具。报销时须提供特殊事项情况说明及其他有效证明材料。对既在管理岗位、又有专业技术职称的机关部处长,可以按照"就高"原则报销城市间交通费。出差时发生的图书、办公用品等零星支出,应当与差旅费用一同报销,不得单独报销。出差人员不得向接待单位提出正常公务活动以外的要求,不得在出差期间接受违反规定用公款支付的宴请、游览和非工作需要的参观,不得接受礼品、礼金和土特产品等。

(四) 财务资产类

1. 对机关部处主要负责人经济责任审计的基本内容有哪些?

答:对机关部处的正职或者主持工作一年以上的副职领导干部进行经济责任审计的基本内容包括:(1)单位(部门)事业科学发展情况;(2)遵守法律法规,贯彻执行国家、学校有关经济政策和决策部署情况;(3)重大经济决策情况;(4)建立与实施对经济活动风险防范的内部控制情况;(5)预算执行及财务收支情况、资产安全完整情况;(6)有关目标责任制完成情况;(7)履行有关党风廉政建设第一责任人职责情况,以及遵守有关廉洁从政、从业规定的情况;(8)对以往审计中发现问题的督促整改情况;(9)其他:领导干部任职部门管理范畴内相关经济活动的管理制度建设情况和对相关经济活动监管情况;本部门重要经济事项管理制度的建立和执行情况;本部门"三重一大"制度的决策和执行情况;本部门经费支出的真实、合法和效益情况;本部门物资采购和实物资产的管理情况。

2. 哪些经费不能安排支出?

答:严禁超预算或无预算安排支出。不得用公款报销或者支付应由个人负担的费用。不得违规新设项目、虚构理由或超过规定标准范围滥发、变相发放津贴、补贴、奖金、实物。不得以任何理由用公款购买、发放、赠送购物卡、各类有价消费券或烟花爆竹、烟酒、花卉、食品等年货节礼(慰问困难群众职工不在此限)。严禁用公款购买、印制、邮寄、赠送贺年卡、明信片、年历等物品。

严禁虚列支出、转移或者套取预算资金。不得报销下列发票：无明细清单的大额书费、打印费、办公用品费等；连号出租车车票；发票内容和开票单位经营范围不符的发票。

3. 哪些大额资金支付业务不予审批？

答：(1) 支付内容未纳入预算，与预算不符，超预算支出；

(2) 支付内容不符合项目进度和合同履行要求；

(3) 支出范围、支出标准不符合国家法律法规和学校相关规章制度的要求；

(4) 支出未充分授权，未按规定履行业务及资金审批程序，各级审批人未在授权范围内审批，越权审批；

(5) 基建工程与修缮项目支出未按照国家和学校有关规定充分履行业务审批程序，支出内容与预算不符，超预算支出，支出内容不符合项目进度和合同履行要求；

(6) 未按要求提供真实、完整的审批材料。原始凭证不符合国家统一会计制度规定，签章不齐全、不完整，相关附件未能如实反映经济活动，存在使用虚假票据套取资金等情况。

4. 部处长办公室该如何设置？

答：机关部处长办公用房面积一般按照正处级不超过18平方米/人，副处级不超过12平方米/人。不得进行超标准装修或者装饰、超标准配置家具和电器。维修改造要以消除安全隐患、恢复和完善使用功能为重点，严格履行审批程序，严格执行维修改造标准，严禁豪华装修。机关部处长在不同部门同时任职的，应在主要工作部门安排一处办公用房，其他任职部门不再安排办公用房。部处长工作调动的，由调入部门安排办公用房，原单位的办公用房不再保留。已办理离退休手续的,原单位的办公用房应及时腾退。

5. 部门如何制定采购实施细则？

答：机关部处的采购实施细则,应不仅局限于零星采购事项,亦应包括统一采购事项,且必须符合学校相关制度的规定。如采购业务频繁,建议单独制定实施细则。制定细则时应：（1）明确采购事项的决策机构、相关岗位职责和采购流程。在国内市场上进行零星采购,经本部处内部相关程序,由部处负责人审批同意后即可自行采购。（2）明确利用不同类别经费采购货物时如何管理。（3）明确采购事项中,由谁审批、谁询价、如何确定供应商、谁拟订合同、谁审批合同、谁验收、谁保管等。

如采购业务较少,可在本部门相关管理办法中列明有关采购条款,保证采购事项有规可依。

（五）会议调研类

1. 选择会议地点应注意什么？

答：会议优先安排在学校内部会议室、宾馆等场所。因工作需要必须在校外召开的,国内会议原则上应安排在四星级以下（含四星）宾馆。参会人员以在沪单位为主（超过50%为在沪单位人员）的会议,原则上不得到沪外召开。严禁在风景名胜区或者度假村等地方组织会议活动。会议活动现场布置要简朴,工作会议一律不摆放花草、不制作背景板。

2. 设置会议内容应注意什么？

答：严格控制会议规模,各部门召开的条线工作会议,一般只安排相关单位和部门分管领导参加。能由分管领导召开的会议,原则上不请主要领导召开;能由部处直接召开的会议,原则上不请校领导召开。凡要求全校各单位、各部门所有党政正职参加的会议,须报学校办公室审核,经校领导同意后实施。

各部门召开本条线全校性工作会议,须报分管校领导审批。部处组织召开全校性会议,基本确定时间的发送会议预通知,避免临时通知,方便基层干部师生合理安排时间。

科学设置会议议程,缩短会议时间,部门召开的条线工作会议一般不超过一个半小时。全校性大会应从严控制交流发言,确需安排的原则上每次不超过5人,每人发言不超过8分钟。严禁组织与会议主题无关的活动。

3. 哪些费用不能从会议费列支?

答:组织会议活动要严格执行有关规定,厉行勤俭节约,反对铺张浪费。一般不安排会议用餐,确需安排的,一般提供工作餐。严禁借会议名义组织会餐或安排宴请。严禁以任何名义发放纪念品。严禁在会议费中列支公务接待费。

4. 开展调研活动应注意什么?

答:机关部门要结合推进重点工作、研究起草制度文件、拟订政策举措、破解工作难题等,经常性深入基层开展调查研究。将开展调查研究情况作为领导班子民主生活会对照检查的内容。提高调研针对性实效性,做好调研基础性工作,征求意见带着草案去,了解情况带着问题去,解决问题带着对策去。改进调研方式,深入基层一线,深入教室、实验室、办公室、寝室等,多采取个别访谈等形式,面对面倾听一线师生员工所思所想,减少听取汇报、了解面上情况式调研。不得以书面调研形式变相要求二级单位提交材料。加强调研活动统筹,视调研内容可采取多部门联合调研形式,避免"扎堆"调研,大范围开展调研要提前向学校办公室备案。

（六）文件档案类

1. 制定政策文件应注意什么？

答：凡制定或调整涉及师生员工切身利益的重大政策，须事先通过会议、网络、问卷等渠道广泛听取各方面意见。文件表述要简洁直白，不搞穿靴戴帽，突出针对性、操作性，部署重要工作的发文一般不超过5 000字，部署专项工作的发文一般不超过4页或2 000字。

2. 部门如何报送文件？

答：部门要严格按照程序报送文件。上报学校文件应当按照公文处理规定认真审核并由报文单位主要负责人签发。涉及多个部门业务的，牵头部门应当在与其他部门协商一致后上报，经协商未能取得一致意见的，应当在上报时写明各方意见及依据并提出倾向性意见。除紧急、敏感事项和学校领导直接交办事项外，各类文件不得直接报领导个人，不得多头报文。直接报送领导个人的文件应当注明直送件。

3. 部门如何发布政策文件？

答：重要文件、重要制度通过学校网站和网上办公系统发布。已有明确工作要求的不再重新发文。除学校办公室外，其他部门不得以部门、牵头议事协调机构名义向二级单位党政发布政策性、指令性文件，确有必要，由学校党政或学校办公室印发或转发。有关工作的具体事项，经分管校领导同意后可以由职能部门以工作通知或工作提示形式发布。严格限定带有部门名称的文头纸印制和使用。部门之间对有关问题未经协商一致，不得各自向下发文。

4. 部门如何进行档案归档？

答：全校性、综合性的材料由学校办公室立卷归档，其余材料按门类由形成单位立卷归档。材料形成涉及两个以上单位的,由主要单位立卷归档。各单位专(兼)职档案员应当按照规定,对本单位负责立卷归档的材料及时进行整理、组卷、装订,移交给档案馆,由档案馆检验、接收。党政管理类和能够按自然年度归档的材料应当在次年5月底前归档;教学类和能够按教学年度归档的材料应当在当年年底前归档;科研类、基建类和专题性、成套性材料应当在项目完成并通过鉴定、验收、审计后两个月内归档。部处应对照本单位归档范围收集文件材料。应归档的文件材料必须齐全、完整、准确,并且应当是原件。兼职档案员应做好预立卷工作,将归档文件条目输入档案管理系统中,并同时将对应的电子文件上传。部处承办的重大活动形成的材料,包括文本文件(含纸质、电子)和声像材料应一并归档。

二、制度文件选编

（一）机关部门领导班子成员党风廉政建设责任书

＊＊部处主要负责人党风廉政建设责任书

为深入贯彻落实党风廉政建设责任制，明确学校机关部处主要负责人党风廉政建设责任内容，构建全覆盖的党风廉政建设责任体系，切实保障并整体推进学校党风廉政建设和反腐败工作，根据《复旦大学二级单位和机关部处执行党风廉政建设责任制指导意见(试行)》，结合学校实际，制定本责任书。

一、责任主体体系

1. 落实党风廉政建设责任制，校党委负主体责任，校纪委负监督责任；

2. 机关部处主要负责人是本部门党风廉政建设第一责任人，负责统筹落实本部门及职责范围内的党风廉政建设责任制各项工作。

二、职责和责任内容

1. 加强学习教育。组织班子及其成员学习领会党中央有关党风廉政建设重要精神，参加学校关于党风廉政建设工作有关会议。每学期至少一次以集中学习等方式对班子成员和全体干部进行党性党风党纪教育、廉政教育、法纪教育和职业道德教育。

2. 履行部门职责。协助校党委落实好党风廉政建设主体责任,对学校党风廉政建设和反腐败工作提出建议,提出职责范围内年度党风廉政建设工作要点建议,承担职责范围内学校党风廉政建设相关制度建设、工作计划、调查研究、工作总结、检查考核等工作;主动协调、配合支持相关职能部门工作;对职责范围内的党风廉政建设工作加强监督、管理。

3. 明确任务,实施分解。年初召开专题会议,研究本部门党风廉政和反腐败形势、任务,确定党风廉政建设年度计划和重点工作;明确班子成员党风廉政建设"一岗双责"具体内容,与班子成员及其他岗位人员签订落实党风廉政建设责任制责任项目书。

4. 加强内部管理。健全完善管理制度,规范优化管理流程,转变工作作风,梳理和查找本部门廉政风险防控点,按照制度加科技的要求,建立和完善本部门廉政风险防控机制。

5. 重视日常监管。每学期至少一次对本部门党风廉政建设情况和职责范围内的廉洁从政情况进行监督检查,发现问题及时提醒,及时整改处理。做到重要工作亲自部署、重大问题亲自过问、重点环节亲自协调、重要信访案件亲自督办。

6. 组织评议。年末在部门民主生活会中听取审议班子成员责任制落实情况汇报,检查班子及其成员执行党风廉政建设责任制情况和廉洁自律情况,重点检查"一岗双责"落实情况,逐一做出评议,形成书面工作总结。

7. 支持执纪。支持和配合校纪检监察部门对党风廉政问题和违法违纪案件进行查处;发现责任范围内存在的违纪违法现象,及时向校领导和校纪检监察部门报告;支持和配合本部门分管纪检工作的班子成员切实履行监督职责。

8. 示范表率。带头执行民主集中制,严格执行"三重一大"事项集体决策制度、请示报告制度和信息公开制度。带头严格遵守党纪国法和廉洁自律各项规定,严格执行党的政治纪律、组织纪律、财经纪律、工作纪律、生活纪律等,自觉践行中央八项规定精神,纠正"四风"突出问题,做到严以修身、严以用权、严以律己,以身作则,率先垂范。

三、考核与责任追究

学校依照相关要求考核机关部处主要负责人执行党风廉政建设责任制情况。对于不履行或不正确履行党风廉政建设责任制,造成重大损失或影响的,依照规定实施责任追究。

＊＊部处领导班子副职成员党风廉政建设责任书

为深入推进全面从严治党、贯彻落实党风廉政建设责任制,明确部门领导班子党风廉政建设责任内容,构建全覆盖的党风廉政建设责任体系,进一步加强和改进部门党风廉政建设和反腐败工作,根据《复旦大学二级单位和机关部处执行党风廉政建设责任制指导意见(试行)》,结合工作实际,制定本责任书。

一、责任主体体系

部门主要负责人是本部门党风廉政建设第一责任人,任职期间统筹安排部署本部门及职责范围内落实党风廉政建设责任制的各项任务,落实组织领导、抓好班子、部署推动、支持执纪、示范表率等责任。

部门领导班子其他成员承担党风廉政建设"一岗双责",根据分工担负领导责任,既对岗位职责范围内的具体业务工作负责,也对业务工作领域的党风廉政建设负责。

二、职责和责任内容

1. 深入学习党的十八大、十九大精神和习近平新时代中国特色社会主义思想,在本职工作中贯彻落实;加强对党章党纪党规的学习,重点是学习党章和党的十八大以来颁布修订的有关准则、条例;参加学校全面从严治党工作会议,传达贯彻落实会议精神;认真研究学校年度全面从严治党工作要点,协助正职领导抓好本单位党风廉政建设工作,落细落实分解任务,具体负责分管范围内的反腐败工作。

2. 明确党风廉政建设"一岗双责"的具体内容并认真履行。指导、督促分管科室和人员科学民主制定工作计划、目标要求和具体措施并落实包含党风廉政建设工作方面的内容;梳理分管领域廉政风险点,制定预防措施,规范优化管理流程,完善制度建设;严格执行工作决策程序,落实本部门"三重一大"事项集体决策制度;确定分管领域业务工作方案、流程并严格执行;在分管领域业务工作中认真落实信息公开制度。

3. 在分管领域职责范围内严格执行学校财务部门有关规定,加强经费使用监管;大额资金使用应严格执行"三重一大"事项集体决策制度;及时充分做好经费使用信息公开工作;经费使用应严格贯彻落实中央八项规定精神,厉行节约、反对浪费。

4. 在分管领域职责范围内组织开展党风廉政教育、廉洁教育、法纪教育和职业道德教育;带头遵守党纪国法和廉洁自律各项规定,带头执行党的政治纪律、组织纪律、廉洁纪律、工作纪律、群众纪律、生活纪律;带头执行民主集中制;带头贯彻落实中央八项规定精神、坚决摒弃"四风"。

5. 监督检查分管范围内的党风廉政建设责任制落实情况,发现问题及时提醒,及时整改处理,做到重要工作具体组织实施、重大问题具体研究解决、重点环节具体协调、重要信访案件按相关规定具体督办。

6. 支持配合学校纪检监察部门对党风廉政建设情况的监督检

查和对违规违纪问题的核查处理;发现责任范围内存在的违规违纪现象,及时向部门主要负责人报告;支持配合本单位其他班子成员履职。

7. 年末在领导班子民主生活会中向部门主要负责人汇报党风廉政责任制落实情况,重点汇报"一岗双责"履行情况;接受部门主要负责人对本年度执行党风廉政建设责任制情况和廉洁自律情况的检查;在部门例会述职述廉,报告分管领域的工作情况,接受部门员工的监督与评议。

三、考核与责任追究

履行党风廉政建设责任情况是干部考核的重要内容。学校实行全面从严治党"三大主体责任"同部署、同推进、同考核的"三同机制",依照《复旦大学二级单位和机关部处执行党风廉政建设责任制检查考核办法(试行)》(复纪〔2014〕31号)考核机关部处领导班子成员执行党风廉政建设责任制情况。

对于任职期间不履行或不正确履行党风廉政建设责任,造成重大损失或影响的,依照相关规定追究责任,严肃问责。

本责任书一式三份,部门正职一份,责任人一份,部门留存一份。

部门正职签字:　　　　　　　　责任人签字:

年　　月　　日　　　　　　　年　　月　　日

(二) **处处务会议事规则

处处务会是研究决定处"三重一大"等相关事项的议事

决策机制。为进一步规范＊＊处议事规则和程序，提高工作效率，增强决策的科学性、民主性，特制定本规则。

一、参会人员范围

1. 处务会成员由处长、副处长、各科室主要负责人组成。

2. 根据工作需要，可单独召开处长班子会议。

二、会议议题范围

1. 传达贯彻党和国家的教育方针政策，以及上级有关部门和学校的重要决定、指示和会议精神，研究具体落实措施。

2. 研究制定＊＊处中长期发展规划、年度工作计划和阶段工作要点，听取有关工作部署的进展情况。

3. 审定上报主管部门和学校的重要报告和请示。

4. 研究工作中规范性文件（决定、制度、细则、办法等）的制定和修改。

5. 研究拟定涉及全校工作的重大问题的对策。

6. 研究处内干部任免和安排。

7. 研究制定＊＊处年度收支预算，讨论决定重大开支。

8. 研究加强处内自身建设的有关问题。

9. 其他需处务会讨论、研究、决定的事项。

三、会议规则和程序

1. 处务会原则上每两周召开一次，可根据工作需要另行作不定期安排。

2. 处务会议题由处长确定。需提请处务会讨论研究的议题，由各科室提前提出上会申请，报分管副处长同意后交综合办公室汇总，呈报处长确定。不成熟或未沟通审定的议题不上会。

3. 会议由综合办公室负责通知。议题有关材料应提前送达参会人员，便于参会人员提前阅读会议材料，做好讨论准备。

4. 会议由处长或处长委托的副处长主持召开。

5. 与议题有关的科室主要负责人或具体承办人,应对讨论研究的事项提前做好准备,并根据会议主持人的要求向会议汇报,回答有关问题。

6. 处务会坚持民主集中制原则,充分发挥集体智慧,在集体讨论决策的基础上得出议事结论。参会人员应充分发表意见和看法,力求形成共识,必要时投票表决,少数服从多数。对意见不够集中、讨论不够成熟的问题,应暂缓决定。

7. 处务会指定专人负责会议记录并形成会议纪要。会议纪要由全体与会人员签字确认后存档备查。

四、会议决定的落实

1. 处务会形成的决定,由处领导班子成员按分工和职责组织实施,各科室人员必须在规定时限内执行完毕。

2. 个人不得擅自改变集体决定,如在实际执行过程中遇到确需变更原决定的,应当提交处务会重新讨论决定。如因突发事件或紧急情况作出临时处置的,应在事后及时在处务会上通报。

3. 对处务工作会决定的事项完成不力的,追究相关人员的责任。

五、会议纪律

1. 处务会讨论的过程、内容和决议未授权传达的,必须严格保密,违者追究其责任。

2. 参会人员必须按时出席会议。如有特殊情况不能参加,须提前向处长请假。

3. 会议内容涉及与会者时,相关人员应回避。

六、附则

1. 本规则未尽事项,由处务会另行决定。

2. 本规则由综合办公室负责解释,自发布之日起实施。

(三) ＊＊处财务管理制度

为加强本部门财务管理,根据学校有关规章制度,结合工作实际,特制订本办法,以规范本部门各类财务行为。

一、总则

＊＊处各项财务管理事项均需遵守国家相关财经法规及学校有关财务管理政策,厉行节约,量入为出,注重资金使用效益。

本部门财务工作实行处长负责制,设兼职预算管理员一名,兼职报账人员一名。

二、经费类别

本部门经费来源均为学校拨款,基本包括以下几类:

1. 基本运行费:用于维持本部门日常办公运转,支付日常办公用品、水电邮费、固定资产购置费、公务出差等费用。

2. 事务费:用于长年聘请的顾问费、各类外包或外聘业务费、返聘人员加班费、因业务发生的相关诉讼费用等。

3. 能力建设费:主要用于按照主管部门及行业要求所进行的队伍专业培训,以及开展对校内相关部门、相关人员的知识宣传及培训。

除上述经费之外,根据每年工作需要可再向学校申请有关专项经费。＊＊处向上级主管部门申请立项获得的研究课题经费,按照上级主管部门要求及课题预算使用。

各类经费的预算申请、使用均适用本办法。

三、预算管理

预算管理应本着"全员参与、分责管理"的原则。

(一) 工作职责

1. 处务会议为处内预算工作决策机构,有关预算工作按照"三重一大"决策原则履行决策程序。

2. 处长领导本部门预决算工作。

3. 预算管理员组织预算编制、督促预算执行,与学校财务处沟通协调,并根据需要定期不定期向处务会议和处领导汇报预算执行情况等。

4. 各业务科室作为预算管理基础单位,参与预算编制、预算执行等各环节。

(二)预算编制工作程序

预算编制时要做到"收支平衡、统筹兼顾",合理编制本部门预算,保障日常工作正常运转的资金需要。

流程描述:

1. 分管处长根据学校统一安排布置本部门预算编制工作。

2. 各业务科室根据本年度业务工作需要编制本科室预算。

3. 预算管理员汇总各业务科室预算,形成本处预算草案,其间可就相关事项与相关科室进行沟通协调。

4. 预算管理员将预算草案报主管预算工作处长审核后,报处务会议审议。

5. 预算管理员将经处务会议审议通过的预算方案按程序报学校财务处。

(三)预算执行和调整

各业务科室作为预算执行责任单位,应严格按照预算安排使用经费,并在保证资金使用效益的同时,提高预算执行进度。

预算调整事项应及时向分管处长汇报,由需求科室提出预算调整申请,经处长、处务会议审议通过后,由预算管理员按照学校统一时间安排履行相应调整程序。

四、经费使用

经费使用需坚持"计划使用、统筹安排、遵纪循规、厉行节约、严格审核、注重效益"的原则。

（一）审批流程

各类经费使用，均按以下签批流程办理：

1. 公务支出相关经办人填报相关票据，并在票据合适地方签名；

2. 科室负责人或相关事务负责人审核支出真实性与相关性并签名；

3. 处内报账人员复核单据后报处长审批。若因特殊原因，处长可委托分管相关事务副处长审批。

4. 处内报账人员至财务处办理报销手续。

若支出金额或类别已在"三重一大"事项决策范畴，需报处务会议通过后支出。

（二）报销凭据要求

各项费用报销应严格按照国家财经法规、学校财务制度要求提供原始票据、有关审批单和费用结算清单等相关单证，对不符合规定的报销凭证或附件不齐全的，需由经办人补齐相关手续方可办理。

五、财务决算及公开

每年末，预算管理员应会同报账人员，对本年度＊＊处各类支出进行汇总分析，形成处内财务收支情况表，并向处务会议和全处大会汇报。

本制度由处务会议负责解释。

（四）＊＊处关于落实"三重一大"制度的规定

落实中央关于"重大事项决策、重要干部任免、重要项目安排、大额度资金的使用，必须经集体讨论做出决定"的制度（以下简称

"三重一大"制度），推动处领导班子民主规范决策，提高科学决策水平，为创建世界一流大学、规范管理提供制度保证，根据有关规定，结合工作实际，制订本试行规定。本规定适用于处内部管理，集体讨论后的决定，如果根据学校其他规章制度还需上报分管校领导和校会决策的，当依规继续上报。

第一章　主要内容

第一条　重大事项决策的主要内容

1. 制定贯彻教育部有关工作的重要会议、文件的实施意见和计划，落实校党委和校领导重要决定、指令的实施意见和计划；

2. 向学校领导上报资金超过＿＿元项目申请立项的意见；

3. 向学校领导上报年度计划的意见；

4. 队伍建设规划、年度工作计划要点和工作总结；

5. 涉及内部管理的重大事项，如人事招聘，机构的设置和调整，聘任干部和工作中重大管理事项等；

6. 审定、修改和废止规章制度；

7. 事关职工和离退休人员切身利益的重大问题；

8. 大宗办公用品的采购；

9. 决定处内职工考核、表彰先进和奖惩事项，向学校等上级组织推荐重要荣誉称号的候选个人或团体；

10. 贯彻党风廉政建设的重大事项；

11. 决定涉及事关稳定的重要问题；

12. 应当交集体决策的其他决定事项。

第二条　重要干部任免和重要人事安排的范围

1. 报送学校领导审批的有关调整处内干部人选的意见；

2. 报校人事处有关招聘管理人员的意见；

3. 决定重要项目管理人员的安排；

4. 选拔、推荐后备干部；

5. 应当交集体讨论决定的其他重要安排。

第三条　重要项目安排的范围

1. 资金超过____元项目的方案申报；

2. 资金超过____元项目的质量、进度、安全等相关事项的重大安排；

3. 已列入学校年度计划和投资超过____元的重要项目的情况通报；

4. 应当交集体讨论决定的其他重要项目。

第四条　大额度资金的使用范围

1. ____元以上未列入学校预算的资金安排；

2. 资金超过____元项目投资概算、预算的安排；

3. ____元以上的办公家具、办公设备的配置；

4. 办公经费年度使用情况的通报；

5. 应当交集体讨论决定的其他开支项目。

第二章　决策程序和办法

第五条　"三重一大"事项必须根据具体内容，相应提交处务会进行集体决策。出席人数必须达到或超过应到会人数的三分之二，方可举行会议。决议事项采取表决制，赞成人数超过应到会人数的二分之一为通过。

第六条　"三重一大"事项提交会议讨论决策前，可根据需要召开二级教代会（教职工代表会议），或通过听证会、座谈会、论证会、公示等形式，充分听取、征求群众意见。

第七条　"三重一大"事项在提交会议讨论决策前，应在处领导班子内部充分酝酿，不得临时动议。年度计划的制订、选拔任用干部，应履行学校规定的相应程序。会议在讨论有关议题和工作时,首先由分管处长或列席会议的科室部门负责人报告情况,经充分讨论后,进行表决。

第八条　处领导班子内部对"三重一大"事项存在较大分歧,或因情况不清感到决策把握不大,如无时限要求,一般应推迟决议,待时机成熟后,再提交会议决策。

第九条　已经处务会集体决策的"三重一大"事项,如有半数以上处领导成员提请复议,可上会复议,重新进行集体决策。

第十条　处领导班子成员参与集体决策"三重一大"事项,遇到与本人有直接利益关系或涉及本人亲属的情况,应主动回避。

第十一条　"三重一大"事项的讨论决策情况,包括参与人员、事项内容、讨论过程和决策结论等,要有记录,并存档备案。

第三章　决策的执行

第十二条　"三重一大"事项经集体讨论决策后,由处领导班子成员按分工和职责组织实施。遇有分工不明或职责交叉的,由领导班子明确一名成员牵头协调。

第十三条　集体决策一经形成,每个领导班子成员都要维护集体决策,齐心贯彻执行。个人有不同意见的,可以保留意见,但不能在领导班子外散布不同意见。在处领导班子没有做出新的集体决定前,应无条件执行原有决定。如果认为有必要,可按组织程序向上级党组织反映意见。

第十四条　个人不得擅自改变集体决定,在执行过程中遇到确需变更的情况,应由处领导班子重新做出决定。如因突发事件或紧急情况做出临时处置的,应在事后及时向领导班子报告。

第四章　监督检查与责任追究

第十五条　处领导班子成员根据分工和职责,所涉及"三重一大"事项及执行情况的相关事宜可作为领导班子民主生活会和述职述廉的重要内容。

第十六条　处办公室负责跟踪、督查"三重一大"事项决策的执行情况,及时向领导班子报告,并根据需要和涉密情况,确定公开的内容、范围和方法。

第十七条　处纪检委员应负责与纪检、监察部门联系,加强学校对"三重一大"事项决策、执行情况进行监督。处内各科室和职工发现未经处领导班子集体决策就实施的"三重一大"事项,可向学校纪检、监察部门报告。

第十八条　因下列情况,给国家、学校造成重大经济损失或严重不良影响的,将追究个人责任:

1."三重一大"事项不提交集体讨论,个人擅自决定且事后不通报的;

2.有意向处领导班子隐瞒真实情况,造成集体决策失误的;

3.不执行或擅自改变集体决定的;

4.其他违反本实施办法的行为。

第五章　附则

第十九条　本办法的解释权属**处处务会议。

第二十条　本办法自发布之日起试行,今后将根据具体情况,逐步修改完善。

(五) **处首问责任制和限时办结制实施细则

为进一步加强党风廉政建设,转变机关工作作风,提高办事效率和服务质量,自觉维护**处"廉洁、务实、高效"的良好形象,特制定本实施细则。

一、适用范围

(一)适用于**处全体工作人员(含借、聘用人员),包括保健中心、幼托中心。

（二）首问责任制是指来电、来访者首先询问的本部门工作人员为首问责任人。

（三）限时办结制是指对服务对象咨询办事或来电来信来访，要有明确的办结时间。

二、实施内容

（一）服务对象来我处办理有关事项或联系工作，属于首问责任人职责范围内的，对符合条件、材料齐全、手续完备和能够解决的，应当场办理；对材料不齐全、手续不完备的，实行一次告知、两次办结（需要上报审批的事项可三次办结），防止服务对象多次重复上门现象的发生。

（二）服务对象提出办理的事项不属于首问责任人职责范围的，首问责任人也应当热情相待。属于我处职责范围但不属于本科室职责范围内的，首问责任人应当主动告知与何科室、经办人联系，必要时应为服务对象联系相关科室和经办人员。如遇职责暂不明确的事项，首问责任人应当及时向本科室领导报告，并负责给予答复。

（三）服务对象需办理的事项不属于我处职责范围的，首问责任人应当耐心解释，并力所能及地给予指导和帮助。

（四）首问责任人在接待服务对象时，应文明礼貌、态度热情、举止端正、用语规范，不得冷漠待人，不得推诿扯皮，充分体现我处工作人员良好的品质、素养和乐于助人的精神风貌。

1. 接听电话。当电话铃声响起，要做到"铃响三声，必有应答""先说您好，后报部门，再问事由"；

2. 接待来访。做到"热情主动打招呼，耐心倾听问事由，准确解答不含糊"；

3. 凡属我处职责范围内的事项,一律不准以"不知道""不清楚""不归我管""我还有事"等为由,进行敷衍、应付和推诿;

4. 遇到对政策理解有差异或无理取闹的服务对象,首问责任人或具体承办人员要坚持原则,耐心说明,做好解释工作。

(五)对于服务对象提出的事项,对需要科室内部集体研究决定的事项,一般不超过5个工作日办结;对需要协同其他科室办理或需多个科室会同办理的事项,一般不超过7个工作日办结;因特殊情况不能按期办理的要向服务对象说明原因,并告知何时办理;因特殊原因不能按时办结的,应在5个工作日内回复办理情况,并报分管领导批准。

(六)对于服务对象提出的事项,属于我处职责范围,但需要会同校内其他相关部门办理的事项,我处应抓紧会商,并在7个工作日内办结;因客观原因不能按时办结的,我处应在7个工作日内回复办理情况。

(七)对于服务对象提出的事项,不属于我处职责范围内的,应在2个工作日内转交。

(八)对于服务对象提出的事项,需我处提交学校研究的事项,由我处负责抓紧上报,在学校批复之日起的3个工作日内办理完毕。

(九)对于服务对象提出的事项,需报经学校上一级有关部门审批的事项,由我处负责抓紧上报,在收到上级批复之日起的3个工作日内办理完毕。

(十)对于服务对象提出的事项,属于需要调查论证的事项,应先在5个工作日内答复,说明情况,并及时组织论证,并将结果在10个工作日内回复办事人。

(十一)对于服务对象提出的事项,需学校审批的事项,应在5

个工作日内提出我处初步意见;特殊事项或重大事项,以学校要求的时限为准。

(十二) **处全体工作人员必须熟悉后勤保障各项业务和工作流程,明确自己的岗位职责,了解各科室的主要工作职责。

(十三) 为确保首问责任制和限时办结制的有效落实,所有科室必须推行AB岗工作责任制。每个工作岗位有2名经办人员相互替补,A岗为本岗位的业务主办人员,B岗为协办人员,A角、B角必须同时具备熟练承担主、协办岗位职责所应具备的政策、业务能力。无特殊情况,A、B角不得同时外出,避免出现工作日空岗现象。

1. A岗工作人员因休假、学习、公出等原因离岗时,必须提前向B岗工作人员做好工作交代,B岗工作人员应立即替补上岗,履行工作职责。因特殊原因不能及时交代的,B岗工作人员应当主动顶岗。

2. B岗工作人员在顶岗期间,应做好本职工作,并享有A岗工作人员的职责权利,对A岗的工作认真负责,并对执行A岗工作结果负相应责任。

3. AB岗工作人员应加强协调和配合,AB岗要做好业务交接工作,保证不出差错,不得互相推诿,影响办事效率。

4. AB岗工作人员之间要相互传授业务知识、操作规程和操作技能;各办公室将有计划、有步骤地对工作人员进行全面的业务知识培训,确保相互顶岗、顺畅运作。

5. AB岗位应根据人事变动及时调整。

三、责任追究

(一) 责任人违反有关规定,情节较轻,尚未造成不良后果的,予以谈话告诫。

(二) 责任人态度恶劣、推诿扯皮、拖延答复或刁难服务对象产生不良后果的,一经查实,给予通报批评;情节严重,影响恶劣的,给予当年考核不称职或纪律处分。

四、附则

(一)投诉电话:(略)　××××××××

(二)本实施细则自公布之日起实行,并向全校师生公开。

(六) ＊＊部(处)印章使用管理制度

第一章　总则

第一条　为使＊＊部(处)公章管理规范化、制度化,保证公章的权威性和严肃性,明确公章的使用权限和范围,严格事务审批程序,规范用印行为,提高服务质量和办事效率,特制定本规定。

第二条　各办公室和中心应高度重视公章管理与使用工作,规范遵守本规定。各办公室和中心公章监管人员要增强法律意识和责任感,认真履行岗位职责。

第三条　公章包括党委＊＊部章、＊＊处章、部长签名章、各办公室和中心章。

第二章　公章刻制

第四条　各办公室和中心刻制公章,必须由＊＊部(处)领导班子集体同意,向学校办公室提出刻章申请,经批准后,报公安部门审批。任何部门和个人不准私自刻制公章。

第五条　各办公室和中心公章正式启用时,必须先到学校办公室留存印签备案。未经留样备案的,一律不准自行使用。

第三章　公章管理

第六条　公章管理实行专人负责制。党委＊＊部章和部长签名章由行政办公室统一管理,＊＊处章由综合管理办公室管理,各办公室和中心章由归属部门保管。

第七条　掌管公章的人员要自觉加强学习,不断提高政治觉悟和业务素质，坚持原则，秉公办事，严格履行审批登记手续，严禁以印谋私，损害学校利益。

第八条　不得伪造、变造、盗用、故意毁坏公章，违反者学校将视其情况给予党纪政纪处分，情节严重者，交公安机关处理。

第九条　因机构名称变更启用新公章或其他原因停用公章，应将原印章缴回校办公室，不得私存或自行销毁。启用印章或停用印章应由学校办公室发文公示。

第四章　公章使用

第十条　公章的使用要严格控制范围、规格。严禁滥用公章发文、发函、出具凭证。

第十一条　以＊＊部（处）名义发出各种公文、公函、重要申请必须填写《发文稿纸》，各类证明材料则必须进行用印登记，并经分管副部长和部长审批签字后，方可加盖公章。

第十二条　有关合同、协议书等，必须经分管副部长和部长批准签字，方可盖章。

第十三条　对内、对外发放的各种证件、证明需加盖公章时，须由分管副部长同意，方可盖章。

第十四条　属常规性工作，需盖公章的，公章保管人要做到了解内容。对虽在规定范围内的用印，但对情况不甚熟悉的，也要及时请示主管领导。

第十五条　严禁在空白的纸张、表格、信函、证件等上面加盖公章。严禁填盖空白合同、协议、证明及介绍信。

第五章　附则

第十六条　各部门公章因管理不善而造成损失的，直接追究公章管理人员和部门负责人的责任。

第十七条　本规定自颁发之日起施行。

编 后 语

教育是国之大计、党之大计。复旦大学是落实教育优先发展战略、加快建设教育强国中的"国家队"和主力军。这支主力军中的"关键节点"则是机关各部处的负责人。

恪尽职守作好部处长本职工作,需要用科学的方法论来指引工作。自2019年3月1日以来,习近平总书记先后5次在中央党校中青班开班式上讲授"开学第一课"。特别是2021年9月1日,总书记强调,年轻干部生逢伟大时代,是党和国家事业发展的生力军,必须练好内功、提升修养,做到信念坚定、对党忠诚,注重实际、实事求是,勇于担当、善于作为,坚持原则、敢于斗争,严守规矩、不逾底线,勤学苦练、增强本领,努力成为可堪大用、能担重任的栋梁之才,不辜负党和人民期望和重托。结合上述中青年干部成长的根本遵循、联系在本书编写过程中的思考和讨论,我们认为做好部处长工作应当处理好以下几组关系。

第一,做官还是做事的问题。马克思在《关于费尔巴哈的提纲》中说,"人的本质并不是单个人所固有的抽象物。在其现实性上,它是一切社会关系的总和"。毋庸置疑,每个部处长都会在服务学校、执掌部门中,实现个人的抱负、体现个人的价值、谋求个人的发展。

在《习近平的七年知青岁月》中,曾与习近平同志一起在延安插队的陶海粟先生谈了一段往事——习近平同志到正定工作之前曾与他有过一番长谈,有几句话让他至今记忆犹新:"这次下去,干得好,将来成就一番大事业,干得不好,就在下面给老百姓做些实事,也没什么。"在书中,陶海粟评述道:"习近平不愿意走捷径,他觉得自己虽然做过大队支部书记,但积累的到底是最基层的工作经验,历练和视野还不够全面,从县一级起步会打下更坚实的基础。虽然这样做,前面的路不确定性很大,但这里又一次显示了习近平在人生道路抉择和自我设计上的不同常人之处。"《中华儿女》杂志曾于 2000 年刊登过一篇对习近平同志的专访。习近平同志时任福建省省长,他对采访者说,"从政的整个过程之中,不要把个人的发展、升迁作为志在必得的东西",而是要认识到"在一个地方干下去,只要你坚持下去,最后都会有所成就。成功的规律就是一以贯之地干下去。所以,既然走上这条路,那你不论遇到多少艰难险阻,都要像当过河卒子那样,拼命向前"。他坦陈:"我的从政道路中也有坎坷、艰辛、考验和挑战,没有这些是不可能的。"

第二,情义和纪律的问题。要带领一个部门围绕学校的中心任务、服务复旦大学的大局推进工作,当然需要部处长做人做事"有温度、有思想、有品质",要有温度就要讲情谊,但是又必须坚守底线,在原则问题上不能有半点私人感情。

1998 年,时任福建省委副书记的习近平同志曾为怀念前一年去世的老友贾大山同志,于《当代人》杂志发表《忆大山》一文。此文情真意切,感人肺腑:"我到正定后,第一个登门拜访的对象就是贾大山。……此后的几年里,我们的交往更加频繁了,有时他邀我到家里,有时我邀他到机关,促膝交谈,常常到午夜时分。记得有好几次,我们收住话锋时,已经是次日凌晨两三点钟了。每遇这种情况,不是他送我,就是我送他。为了不影响机关门卫的休息,我们常常叠罗汉似的,一人先蹲下,另一人站上肩头,悄悄地从大铁门上翻过。"这些文字体现了一位县委书记同一名普通文化工作者朴素但又真挚的友情。2012年12月23日,新华社发表特稿《"人民群众是我们力量的源泉"——记中共中央总书记习近平》,文中写道:"只要条件允许,无论多晚,他每天都要跟妻子至少通一次电话,互致平安后才放心休息,几十年来一直如此。"这篇特稿提到每逢除夕,彭丽媛同志总要参加中央电视台的春节联欢晚会的演出,在外地工作的习近平同志只要回北京过年,就在家边看节目边包饺子,等她演出结束回来后才煮饺子一起吃。这样一位妻子眼中"称职的丈夫""称职的父亲",给他们的女儿起名"明泽",寄寓女儿清清白白做人之意。

每到一处工作,习近平同志都会告诫亲朋好友:"不能在我工作的地方从事任何商业活动,不能打我的旗号办任何事,否则别怪我六亲不认。"在十九届一中全会上,习近平总书记强调:"清清白白做人,就是要一身正气、两袖清风,自觉遵守廉洁自律准则,自觉遵守中央八项规定精神,自觉接受监督,敬畏人民、敬畏组织、敬畏法纪,公正用权、依法用权、廉洁用权,拒腐蚀、永不沾,决不搞特权,决不以权谋私,做一个堂堂正正的共产党人。"

第三,继承和发展的问题。每个部处长到任,往往第一项工作、首先关心的就是前任是怎么做的,有没有既定的方针和政策,每个部门领导都是站在前任的基础上,在继承过去工作的经验与做法的前提下,开展工作的。一方面,抛弃前人的工作,完全另搞一套不行;另一方面,必须抛弃因循守旧、按部就班的思维,勇于创新,锐意改革,针对新形势、新特点,拿出新举措、新办法。

正如习近平总书记在庆祝改革开放40周年大会上强调的:

"40年来,我们始终坚持解放思想、实事求是、与时俱进、求真务实,坚持马克思主义指导地位不动摇,坚持科学社会主义基本原则不动摇,勇敢推进理论创新、实践创新、制度创新、文化创新以及各方面创新","只有顺应历史潮流,积极应变,主动求变,才能与时代同行。……该改的、能改的我们坚决改,不该改的、不能改的坚决不改"。

总书记还专门就这一问题指出:"不忘历史才能开辟未来,善于继承才能善于创新。……我们要善于把弘扬优秀传统文化和发展现实文化有机统一起来,紧密结合起来,在继承中发展,在发展中继承。"[①]

第四,民主与集中的问题。在履职中,部处长遇到最多的问题就是如何面对领导、如何面对副职、如何面对手下,处理最多的就是在执行决定、推行政策和制订方案等工作中,个人拍板决定和集体酝酿商议如何平衡的问题。党的十八届六中全会通过的《关于新形势下党内政治生活的若干准则》对坚持民主集中制提出明确要求。在这个问题上,习近平总书记指出,坚持民主集中制是保证党的创造力、凝聚力、战斗力,保证党的团结统一的重要法宝,要严格执行党章关于民主集中制的各项规定。能称得上"法宝",可见这一方法在治国理政、办学治校中的重要地位。

对于高校机关部处长,贯彻民主集中制可以从以下几个方面入手。一是健全民主决策机制,强化建章立制,确保议事决策有章可循。及时清理、修订、建立相关管理规定,健全部门内部制度和工作章法,切实把权力关进制度的笼子。二是健全集体领导和个人分工负责机制。对班子成员职能、职责进行界定和规范。健全

[①] 2014年9月,习近平在纪念孔子诞辰2565周年国际学术研讨会上的讲话。

部门内部重大事项议事决策机制,保证"三重一大"事项经集体讨论决定。三是健全党务政务公开制度、考核评议制度,提高民主决策的透明度和科学性。建立健全权力运行约束机制,确保权力在有效监督中规范运行。要在一些环节、程序、过程的细节设置中确保听得到意见、能够吸取意见、决策体现各方意见,比如,严格议事程序,非涉密议题提前发送部门班子成员思考,每位班子成员在集中讨论时充分发表意见,严格执行"一把手"末位表态制度。再如,建立健全部门内工作情况通报、重大事项公示等制度,扩大部门成员对部门内部事务的知晓和参与渠道。又如,积极营造浓厚的部门内民主讨论氛围,班子成员带头倾听下级和部门普通党员群众意见,鼓励他们建言献策、贡献智慧。甚至可以依托复旦大学的专家优势,建立教师学者咨询制度,实行决策的广泛论证制,等等。

第五,单打独斗与群策群力的问题。在一些机关部门中,常常会遇到有的部处长个人能力很强,部门副职或成员履职水平相对较低,这些部处长往往"看不上"或不满意手下同志的工作,在大部分工作上大包大揽,时间久了也十分疲劳,还会埋怨小同志"能力不足、悟性不高、长进不快",下属则会吐槽领导"不给机会、缺乏指导、长进无门";有的机关部门则相反,部处长因为各种原因消极懈怠,只当"二传手",上级有任务要求,马上扔给副职或下属,自己则不闻不问,一旦有纰漏,责任都是手下人的,久而久之部门同志反应强烈,部处长的威信大打折扣。

时任上海市委书记的习近平同志在上任后不久的全市党政负责干部大会上讲了三句话,他说,一要当好学生,二要当好公仆,三要带好队伍。习近平同志强调,个人的作用是有限的,工作是靠大家干出来的。因此,个人英雄主义是极端错误的,队伍的作用才是事业成败的关键。毛泽东同志说过,领导的责任就是出主意、用干部,就是要调动大家的积极性,发动大家一起干。对于带好队伍,中央出台了一系列规章制度,其中令人印象深刻的就是提出队伍在严管上要有力度,在关爱上要有温度。坚持政治上激励、工作上支持、生活上保障、心理上关怀,让大家安心工作、静心工作、舒心工作。这里讲带队伍要"工作上支持",就包括工作能力、工作技巧、待人接物等方面都要依靠部处长"传帮带",共同提高、相互进步。

在编撰《复旦大学机关部处长工作手册》的过程中,恰逢中共中央,特别是教育部党组印发《关于进一步激励广大干部新时代新担当新作为的实施意见》,《意见》明确了激励广大干部新时代新担当新作为的目标要求,强调旗帜鲜明地为敢于担当的干部撑腰鼓劲。《意见》提出,高校干部教师要不断强化政治担当、历史担当、责任担当,坚定不移走中国特色社会主义教育发展道路,争做教育改革发展实干家、担当作为"排头兵"。《意见》强调,坚持好干部标准,突出信念过硬、政治过硬、责任过硬、能力过硬、作风过硬……及时发现并合理使用那些敢于创新、积极作为,尤其在关键时刻、重大任务面前豁得出、冲得上、干得好的干部。这为我们机关部处长干事创业提供了基本遵循。《意见》指出,切实解决"干与不干、干多干少、干好干坏一个样"等问题,解决了我们每一位部处长最关注、最核心、最根本的思想顾虑。《意见》要求,对在推进教育改革发展中不作为、慢作为、作风漂浮、消极懈怠、萎靡不振、不愿负责、不敢碰硬、一门心思混日子的干部……让为官不为的干部"下得去",让庸懒闲的干部"靠边站"。更重要的是《意见》表示,要强化干部能力培训和实践锻炼,着力提高高校干部"会为""善为"能力。加强干部教育培养体系顶层设计,制定了《教育系统贯彻落实〈全国干部教育培训规划(2018—2022年)〉的实施意见》,创新干部培训方式方法,突出专业知识、专业能力、专业作风、专业精神的提高和培养,有针对性地帮助干部补短板、强本领。

不忘初心、牢记使命。本书付梓时值中国共产党成立100周年,我们试着根据新时代新担当新作为的要求,以机关部处长"会为""善为"为目的,编写本教材。习近平总书记曾提出,时代是出卷人,我们是答卷人,人民是阅卷人。对于复旦大学治理能力和治理水平现代化而言,师生员工和社会各界是阅卷人,机关部处长和机关工作人员是答卷人。希望通过大家的勠力前行、努力答卷,复旦大学早日完成建成中国特色世界顶尖大学的历史使命。

编 者

2021年9月

图书在版编目(CIP)数据

复旦大学部处长工作手册/复旦大学机关党委编. —上海:复旦大学出版社,2022.9
ISBN 978-7-309-16217-2

Ⅰ.①复… Ⅱ.①复… Ⅲ.①高等学校-干部工作-上海-手册 Ⅳ.①G647.23-62

中国版本图书馆 CIP 数据核字(2022)第 095483 号

复旦大学部处长工作手册
FUDAN DAXUE BUCHUZHANG GONGZUO SHOUCE
复旦大学机关党委　编
责任编辑/朱　枫

复旦大学出版社有限公司出版发行
上海市国权路 579 号　邮编:200433
网址:fupnet@ fudanpress.com　　http://www.fudanpress.com
门市零售:86-21-65102580　　团体订购:86-21-65104505
出版部电话:86-21-65642845
上海四维数字图文有限公司

开本 787×1092　1/16　印张 11.75　字数 136 千
2022 年 9 月第 1 版
2022 年 9 月第 1 版第 1 次印刷

ISBN 978-7-309-16217-2/G·2370
定价:45.00 元

如有印装质量问题,请向复旦大学出版社有限公司出版部调换。
版权所有　　侵权必究